Res Strehle
Operation Crypto

Res Strehle

Operation Crypto

Die Schweiz im Dienst von CIA und BND

Echtzeit Verlag

Inhalt

01

Der See ist schwarz

Minerva – das ist die grosse Geschichte eines geheimen Programms der amerikanischen CIA und des deutschen BND auf Schweizer Boden. Die römische Göttin der Weisheit und Kriegskunst gab ihm den Namen. Der schwedische Unternehmer Boris Hagelin gab ihm die Firma, die Innerschweizer Kleinstadt Zug den Ort und die vermeintlich neutrale Schweiz den Rahmen. Hagelin wählte die Schweiz, weil Schweden mit seinem Vermögen und seinen Patenten strenger umgegangen wäre. Er wählte Zug, wo sich lokale Politiker dankbar dafür hergaben, für die Lauterkeit der Firma geradezustehen, ohne nachzufragen. Er wählte den Hang oberhalb der Stadt als neuen Wohnsitz und Entwicklungslabor. Im Alter von sechzig Jahren zog er in ein Holzchalet an der Weinbergstrasse mit Blick auf Stadt und See.

Dieser See ist in den Beschreibungen der Angestellten oft Thema, Anziehungspunkt und zugleich Irritation. Die Firma wird sie später mit einem eigenen Yachtclub locken. Aber Tiefe und Farbwechsel des Wassers sind ihnen je nach Jahreszeit und Wetter nie ganz geheuer: «Meine Frau hatte von Bekannten gehört, dass Zug sehr düster sei, sehr katholisch», sagt «Clapper», der für seine Tätigkeit in der Firma extra dort hinzog und 23 Jahre blieb. Die CIA gibt dem Basler diesen Decknamen, weil er ein grosser Bewunderer der USA ist. Die Schweiz gibt ihm den Titel eines Fachoffiziers, weil er am Aufbau eines sicheren Funknetzes der Armee beteiligt ist und sie auf dem Laufenden hält, was in der Firma vorgeht.

Der See sei schwarz, die Leute seien todernst, habe er befürchtet, bevor er in die Region zog, sagt «Clapper» im lokalen Neujahrsblatt zur Jahrtausendwende. Seine Frau würde als Westschweizerin dort voraussichtlich leiden, glaubt er anfänglich. Der heutige CVP-Präsident Gerhard Pfister verschafft ihr eine Anstellung als Sprachlehrerin in seiner Privatschule. Es hilft nicht auf Dauer, sie verlässt «Clapper» nach der Pensionierung.

Ein anderer Ingenieur, der sechzehn Jahre bleibt, erzählt: «Ich habe vor der Anstellung mit meiner Frau die Region erkundet, wir gingen zusammen essen am See. Es war ein strahlender Herbsttag – schöner konnte es nirgends werden.» So liess er sich von der Firma anstellen. Als er nach einem halben Jahr ihrem Geheimnis auf die Spur kam, hatte sich die Familie hier schon niedergelassen. Es war ihm ein bisschen unangenehm, aber er sagte sich: «Dann mach ich's halt.» Der See hat das Geheimnis dieser Firma lange bewahrt.

Zwei Zuger Stadtpräsidenten standen im Lauf der Firmengeschichte dem CRYPTO-Aufsichtsrat vor, der eine, Philipp Schneider, kombiniert das Amt mit seiner Präsidialzeit als Stadtoberhaupt. Kritische Fragen stellt er nie. Der zweite, Walther A. Hegglin, fragt erst nach, als alle Medien schon über den dubiosen Hintergrund der Firma berichten. Naivität oder Opportunismus? Man kann sie nicht mehr fragen, denn sie sind beide inzwischen verstorben. Danach sitzen zwei in Bundesbern hoch geschätzte liberale Politiker im Aufsichtsrat der Firma, der eine, Georg Stucky, mehrjähriger Präsident der gewichtigen Wirtschaftskommission des Parlaments, der andere, Rolf Schweiger, zeitweilig gar Parteipräsident. Naivität wird man ihnen nicht unterstellen können. Also Opportunismus? Man kann auch sie nicht fragen, denn beide sind heute krank. Sie mögen anfänglich nicht über den geheimdienstlichen Hintergrund ihrer Firma informiert gewesen sein – in ihrer Amtszeit kommen sie dem Geheimnis auf die Spur und verbleiben trotzdem im Gremium. Rolf Schweiger, der letzte Zuger Politiker im Verwaltungsrat, fühlt sich in diesem Amt nur für die Finanzen der Firma verantwortlich, nicht aber für die Verschlüsselung.

Die Zuger Politiker Hegglin, Stucky und Schweiger stehen für die Haltung der Schweiz gegenüber dem wichtigsten gemeinsamen Programm der Geheimdienste CIA und BND in der Nachkriegszeit auf ihrem Boden: Sie ahnen den Hintergrund erst nur vage, kommen dem Geheimnis irgendwann auf die Spur und «vergessen» oder verdrängen gleich wieder, was sie wissen. «Hegglin und Stucky waren nicht sonderlich überrascht, als ich sie bei einem Mittagessen über die Eigentümer informierte», erinnert sich der langjährige CRYPTO-Geschäftsleiter Michael Grupe, «Gerüchte in diese Richtung gab es in Zug schliesslich schon immer.» Mit ihrer Verschwiegenheit, den tiefen Steuern und der minimalen Regulierung spurt die Region ihre heutige Rolle als Crypto-Valley vor.

Alle involvierten Schweizer leisten auf ihre Art Dienst nach Vorschrift: Als Verwaltungsräte nicken sie die Jahresabschlüsse ab, solange die Verluste nicht beunruhigend sind. Als Bundespolizisten befragen sie die Beteiligten und weisen sie gleichzeitig auf das Geschäftsgeheimnis hin. Solange ihnen keine Beweise präsentiert werden, dürfen sie von nichts wissen. Beweise selber zu erheben, sehen sie nicht als ihre vordringlichste Aufgabe. Als Politiker sind sie froh, nicht so viel zu wissen, dass sie ins Geheimnis mit hineingezogen werden. Einzig der Schweizer Nachrichtendienst will es ab 1977 genauer wissen und platziert nach dem ersten Eklat um gezinkte Geräte einen eigenen Mann in der Firma: «Clapper». Beim zweiten Eklat 1992 sitzen er und der Schweizer Verkaufschef zusammen mit dem deutschen Geschäftsleiter und dem schwedischen Chefkryptologen zu viert in der Teppichetage: BND, CIA, Schweden und die Schweiz auf Augenhöhe.

Hegglin und Stucky bemühen sich als Verwaltungsräte mit Herzblut um den Fortbestand der Aktiengesellschaft, als ihnen bekannt ist, dass die Firma der CIA gehört und der US-Nachrichtendienst die Spur von Neugeld verwischen will. Allein schon die «Lex Koller» über den Grundstückerwerb von Ausländern macht die Kapitalerhöhung kompliziert, denn die CRYPTO besitzt wertvolle Grundstücke an guter Lage. Hegglin ist als Hotelier des «Ochsen» eine starke Figur in der Stadt. Als Zuger Aktivisten während seiner Amtszeit als Stadtpräsident eine leerstehende Liegenschaft besetzen, um ihrer Forderung nach einem Kulturzentrum Nachdruck zu verleihen, stellt er ihnen sein Wirtepatent zur Verfügung. So ist deren Einweihungsfest legal.

Mit Stucky geht es mir wie dem Hasen mit dem Igel. Wo ich als Hase hinhopple, sitzt dieser Igel schon da. Als ich mich mit dem Ende des Kolonialismus auseinandersetze, ist Stucky Schweizer Honorarkonsul in Libyen. Als ich während des Studiums meine Lizenziatsarbeit zur Erdölpolitik der Nahoststaaten verfasse, gibt mir Stucky als Geschäftsführer der Erdölvereinigung Auskunft. Als ich mich mit dem Steuerwettlauf der Kantone nach unten befasse, hat Stucky als Finanzdirektor eben zum sechsten Mal die Steuern in seinem Kanton gesenkt. Als die Deregulierung zum nationalen Thema wird, präsidiert er die Wirtschaftskommission im nationalen Parlament. Als die Skrupellosigkeit im Rohstoffhandel Thema wird, ist Stucky zum engen Vertrauensmann des Rohstoffhändlers Marc Rich geworden. Und als die CRYPTO dringlich einen neuen Geldgeber sucht, scheint ihr diese Verbindung zu helfen, zu neuem Geld zu kommen. Wie schon beim Kauf wird die Zahlung durch ein liechtensteinisches Treuhandbüro verschleiert, die neuen Aktien gehen unverfänglich an die Anstalt Europäische Handelsgesellschaft, oder «Golf», wie die CIA diese Tarnfirma nennt. Golf sei ein Spaziergang mit Ärger, schrieb Mark Twain.

Ärger gibt es 1994 tatsächlich, denn dieses eine Mal ist der Hase schneller: Ich komme im Februar zur Gewissheit, dass die Zuger Firma an nicht vertrauenswürdige Länder wie den Iran, Libyen oder Syrien Geräte liefert, bei denen die übermittelten Geheimnachrichten knackbar bleiben. Nicht zufällig, sondern beabsichtigt. Die Schwachstelle der Verschlüsselung ist mathematisch gut getarnt, damit kein Kunde auf die Idee kommt, dass die westlichen Nachrichtendienste mitlesen können. Solche Schwachstellen werden zuerst bei den mechanischen Verschlüsselungsprogrammen eingebaut und später mit Hilfe der NSA auch bei den elektronischen Geräten. So wird die mögliche Komplexität um ein Vielfaches reduziert, was den Amerikanern und Deutschen erlaubt, mitzulesen.

Der damalige Entwicklungschef Peter Frutiger kommt diesem Geheimnis in den siebziger Jahren auf die Spur. Experten von NSA und BND beharren auf einem roten Faden, der sich durch alle Algorithmen der Verschlüsselung zieht. Ich besuche Frutiger an einem frühen Februarabend 1994 und habe diesen Besuch bis heute in Erinnerung, denn es ist eines der wenigen Treffen in meiner vierzigjährigen Berufstätigkeit, wo mich die Angst eines Informanten ansteckt. Als ich Frutigers Haus verlasse, lauert im Zürcher Vorort hinter jedem Gebüsch ein Schatten. Frutiger hat die Firma zwar schon siebzehn Jahre zuvor verlassen, aber seine Bedrohung fühlt sich deswegen nicht kleiner an und wird ein weiteres Vierteljahrhundert andauern. Noch heute lässt der 83-Jährige sein Büro mittels Videokamera überwachen.

Die Beweise, wonach ein Teil der Verschlüsselung einem fixen Schema zu folgen hat, will Frutiger schon damals in seinem Safe deponiert haben – zu öffnen, falls ihm etwas zustossen sollte. Das ist nie passiert, aber ein paar Mal soll es knapp gewesen sein. Er hält die Papiere bis heute für seine Lebensversicherung, nachdem es verschiedene Anschläge auf ihn gegeben habe, darunter einen bewaffneten Überfall. Er verdächtigt die westlichen Nachrichtendienste, daran beteiligt gewesen zu sein, als vor zwei Jahren in sein Haus eingebrochen wurde. Er ist auch überzeugt, dass Hagelins Sohn Bo junior Ende Oktober 1970 auf der Umfahrungsstrasse von Washington nicht durch einen Unfall, sondern durch einen gezielten Anschlag ums Leben kommt. Ich habe diese dunkle Vermutung in mein Buch über den Fall des verhafteten Verkaufsingenieurs Hans Bühler aufgenommen – laut CIA eine abenteuerliche Behauptung, die die Glaubwürdigkeit des Buches mindert.

Entwicklungschef Frutiger wird in den siebziger Jahren zur Schlüsselperson in der CRYPTO. Gründer Hagelin hat sich nach dem Verkauf der Firma 1970 zurückgezogen, sein Geschäftsleiter Sture Nyberg (Deckname «Ball») geht 1975 ebenfalls, sie beide verstehen die neue elektronische Generation der Geräte nicht mehr. Und beide sind zeitlebens schwedische Patrioten, das macht sie für die CIA zu einem unsicheren Partner. Der US-Geheimdienst gibt Nyberg den Decknamen «Ball»: Es scheint ihm jederzeit möglich, dass dieser Ball für die Heimmannschaft rollt.

Hagelin hat zunächst geplant, die Firma seinem jüngsten Sohn Bo junior zu übergeben, aber Vater und Sohn haben sich im Lauf von zwanzig Jahren auseinandergelebt. 1955 noch ist Bo junior mit dabei, als sich der Vater mit dem US-Kryptologen William («Bill») Friedman über die Zukunft der Firma zwischen den Blöcken unterhält. Bo junior ist zuständig für Indien und übernimmt später den Markt für Nord- und Südamerika. In der Schweiz hält ihn nichts, auch seine amerikanische Frau Edith wird am Zugersee nicht glücklich.

Hagelin wirft dem Sohn vor, dass er mit Geld nicht umgehen kann. Den Erbvorbezug von 25 000 Dollar (damals Faktor 4 gegenüber Franken und D-Mark) hat der Filius rasch aufgebraucht, weitere 5000 Dollar des Vaters reichen ebenfalls nur kurz, danach verweigert der Vater neue Zahlungen. Der Sohn empfindet dies als knausrig, denn sein Vater ist Millionär. Für den Patriarchen ist es eine Frage des Prinzips: Der Sohn steht mit dreissig Jahren noch nicht auf den eigenen Beinen, ein paar Mal muss der Vater in den USA selber zum Rechten sehen. Zuletzt trennen Vater und Sohn selbst Kleinigkeiten: dass sich der Sohn für eine vom US-Kryptologen überbrachte Süssigkeit zu Weihnachten nicht bedankt – Bo habe einfach keine guten Manieren, schreibt Hagelin seinem Freund Friedman, «ich war wohl kein guter Vater».

Statt dem Sohn sitzt Hagelins frühester und engster Mitarbeiter Oskar Stürzinger Ende der sechziger Jahre in den Gesprächen mit den Deutschen und den Franzosen mit am Tisch, als es um den Verkauf der Firma geht. Hagelin informiert darüber die CIA und die will die Franzosen partout nicht dabeihaben. Schliesslich bieten die Deutschen und die Amerikaner gemeinsam 5,75 Millionen Dollar für die Firma, Hagelin willigt ein. Und der erste Schweizer Ingenieur der Firma, ETH-Absolvent Oskar Stürzinger, bekommt den ehrenvollen Decknamen eines Helden mit übermenschlichen Kräften aus der germanischen Nibelungensage: «Siegfried».

Auch die Geschäftsleiter werden von der CIA mit passenden Decknamen versehen. Auf den neutralen Schweden «Ball» folgt 1976 der Deutsche «Block», ein Manager namens Heinz Wagner aus der SIEMENS-Gruppe («Olympia»). «Block» ist hart in seinen Entscheiden, im Stil bleibt er Grandseigneur. Sein Deckname zeigt, welch wichtige Rolle der US-Nachrichtendienst für ihn bei der Abwehr missliebiger Gerüchte vorsieht. 1989 übernimmt der Berliner Michael Grupe aus der SIEMENS-Tochter OSRAM in Athen die Geschäftsführung. Er wird bei der Anstellung aufgeklärt, dass die Firma der CIA und dem BND gehört. Das stört ihn nicht weiter. «Man muss dies aus der damaligen Zeit heraus verstehen», sagt der eingebürgerte Schweizer im Rückblick, «wenn man überzeugt ist, dass etwas einer guten Sache dient, muss man dazu stehen.»

Die Aufgabe, diese Firma zu leiten, wird in jener Zeit zum Sanierungsjob. Gewinn und Umsatz sind im Vergleich zu den besten Jahren geschrumpft, die Firma muss sparen. Ausserdem steht die Entwicklung neuer Verschlüsselungsgeräte der digitalen Generation an. Dazu braucht die Firma die besten Ingenieure ihres Fachs und die lassen sich nicht mit banalen Erklärungen abspeisen, warum sie auf Direktive von oben nicht die besten Geräte entwickeln dürfen. Und sparen müssen, statt die Geräte zu verbessern. Zwanzig Kadermitglieder protestieren in einem kritischen «Brief an den Zaren», Adressat ist Geschäftsleiter Grupe. Bei einem Kadermeeting in Engelberg kommt es zum Aufstand, die Luft ist laut der anwesenden Ingenieurin Mengia Caflisch «dick zum Zerschneiden». Schliesslich ergreift sie das Wort, nur um die unheimliche Stille zu durchbrechen. Der BND erhält Bericht, ein Veteran erinnert sich später daran, dass auch der ins Programm eingeweihte Schweizer Verkaufsleiter an dieser «Engelberg-Revolte» beteiligt ist – das hält er noch Jahre später für eine Illoyalität gegenüber den Partnern.

Den Verdacht auf Illoyalität hegt der deutsche Bundesnachrichtendienst Ende der siebziger Jahre schon gegenüber Oskar Stürzinger, Hagelins Mitarbeiter der ersten Stunde. «Siegfried» verbleibt nach der Übernahme der Firma durch die Nachrichtendienste für einige Jahre als «Direktor zur besonderen Verfügung» auf der Lohnliste, die CIA will ihn lieber innerhalb in der Firma haben als ausserhalb. Einen eigentlichen Aufgabenbereich hat «Siegfried» nicht mehr. 1979 lässt ihn der BND frühpensionieren. «Siegfried» zieht mit einer fürstlichen Abfindung nach Monte Carlo.

Ein BND-Veteran schreibt: *Tatsächlich haben wir die Firmenleitung veranlasst, sich endlich von einem Mitarbeiter zu trennen, dessen Einordnung in die Firmenhierarchie grosse Probleme bereitete. Er war im Zeitalter der mechanischen Geräte der Entwicklungschef und hatte die Sprünge von der Mechanik über die Elektrik zur Elektronik schon aufgrund seines fortgeschrittenen Alters nicht mehr nachvollzogen. Weil er in der Firma nur für Hektik sorgte, wurde er viel auf Messen und Symposien geschickt. Trotzdem verfolgte er immer wieder Ideen und Projekte, die nicht im Interesse der Firma, geschweige denn der Partner lagen. Wir entschlossen uns, die Kontraproduktion zu beenden, obwohl wir wussten, dass er bei den anfänglichen Kaufgesprächen mit den Deutschen und den Franzosen mit am Tisch gesessen hatte und somit für die Partner eine gewisse Gefahr darstellte. Retrospektiv war seine Entlassung möglicherweise ein Fehler.*

Nach «Siegfried» und «Ball» ist Peter Frutiger für die Geheimdienste der wichtigste und zugleich gefährlichste Mann. Der erste Entwicklungschef in der Ära der elektronischen Geräte reist laut NZZ AM SONNTAG rund zehnmal in die USA, meist allein, um sich mit Vertretern von CIA und NSA abzusprechen. Gegen fünfzigmal ist er im Hauptquartier des BND in Pullach bei München. Nach und nach wachsen ihm einzelne Kunden ans Herz, etwa der Schah von Persien, den er mehrmals mit seinem Auto ins Engadin fährt, einmal soll sich der prominente Fahrgast mit Perücke getarnt haben. Der Schah ist ein leidenschaftlicher Skifahrer und besitzt in St. Moritz eine Villa, in der ihm die Firma eine direkte Funkverbindung nach Teheran aufgebaut hat. Auch in seine Privatyacht auf dem Persischen Golf baut ihm die Firma eine Funkstation ein. So kann er jederzeit verschlüsselte Nachrichten via Fernschreiber oder Telefon nach Teheran übermitteln. Schah Reza Pahlavi soll hundertprozentig auf die Sicherheit der CRYPTO-Technik vertraut haben.

Dass sich beim Schweizer Entwicklungsingenieur ausgerechnet dem Schah gegenüber das schlechte Gewissen meldet, entbehrt nicht der Ironie. Reza Pahlavi verdankt seine politische Macht der CIA, die zusammen mit dem britischen Geheimdienst MI-6 den Putsch im Jahre 1953 gegen Mohammad Mossadegh plant. Der iranische Ministerpräsident will die Ölquellen seines Landes verstaatlichen. Winston Churchill und Dwight D. Eisenhower segnen die Geheimdienstoperation «Ajax» zu seiner Absetzung ab und sorgen gemeinsam für das nötige Geld, um die Aufrührer zu bestechen. Der Schah ist Profiteur dieser verdeckten Operation und wird sich nicht sonderlich daran stören, dass seine Schirmherren im Westen zum Dank nun seinen Funkverkehr entschlüsseln können.

Angesichts seiner wachsenden Skrupel wird Frutiger für die Nachrichtendienste CIA und BND zu einem unsicheren Verbündeten. Er berät einzelne Kunden, etwa die Syrer, wie sie die Sicherheit ihrer Geräte verbessern können. Als er sich dazu mit einem Kunden in London trifft, läuft er dort zufällig dem Geschäftsleiter «Block» über den Weg. Das führt zur Trennung, die Geschäftsleitung stellt sie intern als Entlassung dar: *«Ich bin zutiefst enttäuscht von dieser*

Direktion und (...) über die verdrehte Darstellung meines Falles», schreibt er in seinem Abschiedsbrief an die Firma. Der syrische Geheimdienst verdankt Frutiger seine Aufrichtigkeit, in dem er ihm auf einer späteren Reise in Syrien das Leben rettet. Ein General warnt ihn bei einem Treffen vor einem unmittelbar bevorstehenden Bombenangriff der Israelis aus der Luft. Der Schweizer Ingenieur kann sich rechtzeitig in Sicherheit bringen, mehrere Anwesende sterben.

Die CIA versucht, Frutiger vor seinem Abgang aus der Firma mit einem lukrativen Jobangebot in den USA an sich zu binden, aber dies gelingt nicht. Der ETH-Ingenieur, Armeeoffizier und Patriot will mit seiner jungen Familie die Schweiz nicht verlassen. Er informiert laut eigenen Angaben drei Personen, die er kennt, detailliert über die Crux der CRYPTO-Geräte: Korpskommandant Kurt Bolliger, Chef der Flieger- und Flugabwehrtruppen; René Lécher, Chef des Flieger- und Flab-Nachrichtendienstes, und Hans Walder, Ex-Bundesanwalt. Sie sind nach «Siegfried» die ersten drei voll informierten Schweizer Geheimnisträger des Minerva-Programms in der Ära der elektronischen Geräte.

Wem die drei in der Folge ihr Wissen weitergeben, ist unbekannt. Naheliegend ist, dass Korpskommandant Bolliger den damaligen Generalstabschef Hans Senn über eine so wichtige Angelegenheit informiert. Falls ja, hat Senn sein Wissen nicht weitergegeben, der spätere Generalstabschef Arthur Liener jedenfalls ist nicht informiert. Bolliger präsidiert nach seiner Pensionierung das Schweizer Rote Kreuz, sein Wissen behält er für sich. Naheliegend ist, dass auch die Bundesräte Rudolf Gnägi und Kurt Furgler in jener Zeit dem Geheimnis auf die Spur kommen. In Gnägis Amtszeit baut Oberst Albert Bachmann seine Spezialdienste für den Besetzungsfall auf. Ohne abhörsicheres Gerät ist sein ausserordentlicher Nachrichtendienst im Ernstfall eine Farce. Entwicklungshilfe bietet ein erfahrener britischer Agent des Auslandgeheimdienstes MI-6, der im 2. Weltkrieg für die Alliierten hinter der Front in Frankreich tätig war und seine letzten Dienstjahre an der Botschaft in Bern verbringt.

Das stille Mitwissen führender Schweizer Kaderleute, Politiker und Militärs bindet die Schweiz faktisch seit Gründung der Firma in das Minerva-Projekt mit ein. Die Schweizer Neutralität ist während des Kalten Krieges nach und nach zum Kleinformat geschrumpft: 1951 vereinbart der Schweizer Delegationschef Jean Hotz mit dem US-Vertreter Harold Linder, dass die Schweiz die Exportkontrolle der NATO-Länder still mitträgt. 1955 sagt der Bundesrat dem deutschen Nachrichtendienst zu, dass Deutschland im Besetzungsfalle 1000 Soldaten in die Schweiz verlegen darf. Ein Jahr später versichert Bundesrat Paul Chaudet dem NATO-Commander Bernard Montgomery, dass sich die Schweiz im Kriegsfall der NATO anschliessen wird. In der Folge hält sich die Schweiz auch an die verschärften Exportregeln westlicher Staaten im Rahmen des COCOM und begründet 1971 das Austauschgremium der westlichen Geheimdienste mit Israel über die terroristische Bedrohung mit («Club de Berne»).

Diese Verletzungen der Neutralität, mal halb offiziell, mal streng geheim, geschehen womöglich im Einverständnis mit der Bevölkerung, deren Sympathie auf westlicher Seite liegt. Genau wissen wir es nicht, denn das Stimmvolk wird nie befragt. Im Fall der CRYPTO täuscht die Schweiz Kunden, die auf ihre Technologie vertrauen, ohne zu wissen, dass die Geräte manipuliert sind. Und dies in einem weit grösseren Abnehmerkreis als nur jenem von «Schurkenstaaten» und in einem längeren Zeitraum als während des Kalten Kriegs. Sie setzt damit einen Wert aufs Spiel, der das Selbstverständnis der Schweiz jahrzehntelang prägt.

02

Hagelin

Boris Hagelin ist überzeugter Antikommunist und ein Bewunderer Amerikas. Das hat mit seiner persönlichen Geschichte zu tun. Boris wächst in Aserbaidschan auf, wo sein Vater Karl Wilhelm (lokal angepasst: Wassiljewitj) Hagelin für Alfred Nobel, den «schwedischen Rockefeller», in der Ölförderung tätig ist. Er bewundert den Vater, der vom einfachen Maschinenarbeiter zum Meister und Werksdirektor aufgestiegen ist und später als schwedischer Konsul in St. Petersburg dient. Boris Hagelin hält das Andenken an den Vater lebenslang aufrecht und benennt einen seiner drei Söhne nach ihm. Er will sich zum Ingenieur ausbilden lassen und danach auf den Spuren des Vaters nach Baku in die Ölförderung gehen. Das klappt nach der bolschewistischen Revolution nicht mehr. Onkel Emanuel Nobel vermittelt ihm daraufhin eine Stelle im Elektrokonzern ASEA. Danach arbeitet der junge Hagelin für die STANDARD OIL und schliesslich landet er bei der Chiffriertechnik, die im 1. Weltkrieg ihre Bedeutung bewiesen hat. 1940 sieht er sich erneut von einem totalitären Regime bedroht und setzt sich mit Familie und zwei Chiffriergeräten per Schiff aus Genua in die USA ab. Die Schiffscrew ahnt schon, dass dies für einige Zeit die letzte Reise in die freie Welt sein würde, und verteilt den Kaviar auf Deck grosszügig. Es ist Hagelins Einstieg in die Welt der Reichen, die USA werden ihm und seiner Familie Wohlstand bringen. Ihr Chefkryptologe William Friedman lässt Hagelins Geräte während des Krieges in Serie produzieren.

Als Hagelin nach dem Krieg mit einem Teil seiner Familie nach Europa zurückkehrt, wählt er als Standorte seiner Firma für Chiffriergeräte Stockholm und Zug – seine alte Heimat zur Produktion und Zug für die Entwicklung neuer Geräte. Mitte der fünfziger Jahre verlegt Hagelin auch die Produktion in die Schweiz, weil er hier gute Zulieferer findet, Schweden jederzeit Hand auf seine Patente legen kann und die Exporte im strategischen Bereich strenger kontrolliert als die Schweiz.

Hagelin ist Zeit seines Lebens von Spionen und deren Welt fasziniert. Sein Leben wird immer wieder durch Kriege und Revolutionen in neue Bahnen gelenkt: 1905 erstmals, als sein Vater als Leiter der Ölfirma in Baku vom Aufstand der Narodniki gegen den Zaren überrascht wird. Auch wenn die «Villa Petrolea» mit ihrer Mauer rundum einer Festung gleicht und der Direktor mit einem eigenen Pferdetram ins Werk fährt, wird es für ihn ungemütlich. Mutter und Kinder weilen in der Ferienwohnung in Adschikent, wo zehn Jahre zuvor Richard Sorge geboren wird, dessen Biografie *Spion aus Leidenschaft* später verfilmt wird. Der Offizier des sowjetischen Geheimdienstes bleibt lange unerkannt als «Korrespondent» für verschiedene Zeitungen in Deutschland und Japan tätig. 1941 enttarnen ihn die Japaner als Spion und richten ihn hin.

Solche Geschichten faszinieren Boris Hagelin. Richard Sorge ist ein «richtiger» Spion – als Kommunist steht er aus Überzeugung im Dienst der Sowjetunion. Der CIA-Historiker Richard Schroeder nennt in seiner Entstehungsgeschichte der CIA die wichtigsten Motive, um Leute für Geheimdienste anzuwerben: Ideologie (zuoberst), danach Geld, Erpressung und Ego.

Für Boris Hagelin trifft diese Reihenfolge zu: Seit seiner ersten Reise 1919 in die USA im Alter von 27 Jahren ist er ein Anhänger der freien Welt, angeführt von den USA. Er hat damals – wiederum auf den Spuren des Vaters, der schon 1906 in die USA reiste – deren Ölfelder und Raffinerien besichtigt. Bei einem späteren Besuch schleicht er sich als Amateurspion in eine Trafostation in Seattle ein, um die technischen Details der neuen Generatoren zu erkunden. Den unbefugten Eintritt gewährt ihm ein Angestellter, nachdem ihm Hagelin eine Zigarre zugesteckt hat.

Geld bleibt für Boris Hagelin zeitlebens ein wichtiges Thema. Die Firma in Zug gründet er anfänglich mit dem kleinstmöglichen Kapital, danach hilft ihm die lokale Kreditanstalt. In Schweden hat ihm Onkel Emanuel aus der Familie der Nobels beim Einstieg in die Selbständigkeit geholfen, die Nobels stammen aus einem benachbarten Dorf in der Region Vikbolandet nahe Norrköping. Wann immer für Boris Hagelin beruflich nichts mehr geht, ist Emanuel Nobel da und findet für ihn eine neue Herausforderung. Als ASEA den ambitionierten Elektroingenieur schlecht bezahlt und er beim Direktor kein Gehör für eine Lohnerhöhung findet, vermittelt ihm Onkel Emanuel eine neue Anstellung bei STANDARD OIL. Die folgenden vier Jahrzehnte wird er in seiner Biografie als «Zeit im Schatten Nobels» bezeichnen.

Onkel Emanuel hat ihm auch die Anstellung in einer kleinen Firma für Chiffriertechnik vermittelt. Deren Chefingenieur Arvid Damm scheitert bald an seinem unsteten Lebenswandel und Hagelin kann die ersten Patente selber übernehmen. Damm ist ein grosser Tüftler, ein Magier der Chiffrierung, der Illusion und der Verhüllung, geschäftlich wie privat. Seine zweite Heirat mit einer ungarischen Zirkusartistin inszeniert er mit Freunden, von denen einer in die Rolle des Standesbeamten schlüpft, weil der Ingenieur bereits verheiratet ist. Als die angeblich Verheiratete der Täuschung auf die Spur kommt, hat ihr vermeintlicher Ehemann schon eine nächste Geliebte.

Wie Damm ist auch Hagelin ein Erfinder aus Leidenschaft, allerdings mit weit soliderem Lebenswandel. Schon als Jugendlicher entwickelt Boris einen Futterautomaten für Vieh auf einem Landsitz, den der Vater in Schweden gekauft hat. Nach seinen ersten Bootsfahrten tüftelt er an einem Motor mit Umkehrgetriebe, damit das Schiff auch rückwärtsfahren kann. Schliesslich baut Hagelin einen automatischen Münzwechsler, dessen Rädchen die Vorlage für spätere Chiffriergeräte abgeben. Die Chiffriertechnik beginnt ihn mehr und mehr zu faszinieren – weniger die mathematische Seite beim Austüfteln von Algorithmen als deren Umsetzung. So entwickelt er die Chiffriertechnik Damms mit der finanziellen Unterstützung Emanuel Nobels weiter und bringt neue Geräte auf dem Markt, für die sich die Telefongesellschaft ERICSSON und die schwedische Armee interessieren.

Nach dem Tod von Onkel Emanuel 1932 schlägt sich Boris Hagelin mit verschiedenen Lizenzen selbständig durch, verkauft Autoreifen und bewegte Leuchtreklamen in Quecksilber-Leuchtröhren («wandernde Schrift»). Diese Lizenz verkauft er mit Gewinn an den ASEA-Konzern und kann mit dem Erlös eine eigene Firma für Chiffriergeräte gründen, die AB CRYPTOTEKNIK. Den Verlust seines Mentors Emanuel Nobel beschreibt er in seiner Biografie als «harten Schlag», kurz danach gerät er in seine erste grosse persönliche Krise.

Als die Nazis im April 1940 Dänemark und Norwegen besetzen, entschliesst sich das Ehepaar Hagelin zur Flucht in die USA. Er erwischt mit seiner Frau gerade noch das letzte Schiff von Genua aus nach New York, zwei Wochen später wird Italien in den Krieg eintreten. Hagelin ist überzeugt, dass ihm die USA Glück bringen werden. Wie schon sein Vater, ist er abergläubisch: Die 13 ist ihre gemeinsame Glückszahl und so wertet es der junge Ingenieur als dreifach gutes Omen, dass er an einem frühen Morgen im April im Wagen 13 eines Nachtzuges in Bett 13 auf Gleis 13 in Washington ankommt. Wieder sorgt er sich, ob das Geld reicht, das Ehepaar darf nur mit 1500 Schwedenkronen in die USA einreisen. Das hält ihn allerdings nicht davon ab, aus dem knappen Haushaltsgeld einen Cadillac zu kaufen.

In jener Zeit kümmern sich die US-Geheimdienste mit Nachdruck um die Entschlüsselung geheimer Nachrichten. Die entstehende Grossmacht ist technisch in Rückstand geraten. Vor dem 2. Weltkrieg hat ihre Aufklärung allzu lange nicht bemerkt, dass mit Deutschland und Japan zwei aggressive Nationalstaaten entstehen, die daran sind, die Weltkarte neu zu zeichnen. Auch der japanische Angriff auf die US-Flotte in Pearl Harbour hat sie im Dezember 1941 überrascht. Als ein kryptologisch versierter Schwede nun mit zwei Chiffriergeräten im Handgepäck ankommt, ist er für sie von höchstem Interesse. Hagelin dient seine Geräte mit einigen verlangten Anpassungen der US-Armee an, sie baut in einer alten Industriehalle eine eigene Produktion auf und versorgt die Marine bis Kriegsende mit 140 000 Handchiffriergeräten «Hags» vom Typ «M-209».

Der Erfolg seiner Geräte in den USA bedeutet für Hagelin nicht nur den finanziellen Durchbruch, er schmeichelt auch seinem

Ego: Auf einer Schiffsreise hört er, wie Marinesoldaten seine tragbaren Chiffriergeräte bewundernd als «Hags» bezeichnen: Damit war er gemeint und zugleich seine Hexerei! Der schwedische Hexer verfügt nun über genügend Geld, das Ehepaar lässt die beiden Töchter nachkommen, die drei Söhne bleiben in Schweden. Sie sind im Krieg von der Armee eingezogen worden, der älteste ist als Arzt tätig, der mittlere als Förster, einzig der Jüngste, Boris junior, interessiert sich für Chiffriertechnik.

Als Boris senior 1944 nach Europa zurückreist, ist er ein wohlhabender Mann und weiss, was Armeekunden wollen. Er beabsichtigt erst, die Produktion seiner Chiffriergeräte in Schweden neu aufzubauen. Entwickeln will er die neue Generation von Geräten aber andernorts, wo die privaten Patente besser geschützt sind. Über den schwedischen Elektrokonzern ERICSSON hat er den Schweizer Ingenieur Edgar Gretener kennengelernt, der auf demselben Gebiet tüftelt wie er und an einer Zusammenarbeit mit ihm interessiert ist. Der Luzerner vermittelt ihm die Niederlassungsbewilligung in der Schweiz, den Wohnort Zug empfiehlt ihm ein Freund.

Die Partnerschaft mit Gretener bei der Entwicklung chiffrierter Fernschreiber hält ein knappes Jahr. Danach ist Hagelin gegenüber dem Schweizer Geschäftspartner misstrauisch: Es geht um Geld. Hagelin hat den Eindruck, Gretener bürde ihm die Entwicklungskosten auf und lasse die Erträge bei sich entstehen. So macht sich der Schwede in der Schweiz nun ganz selbständig und wirbt Gretener dessen besten Ingenieur Oskar Stürzinger ab, dem die CIA später den Heldennamen «Siegfried» geben wird. Mit Glück kann er seine Aufenthaltsbewilligung als Privatmann verlängern. Der verärgerte Konkurrent Gretener will dafür sorgen, dass Hagelin keine Aufträge von der Schweizer Armee erhält. Das klappt anfänglich ganz gut, die Bedienung von Hagelins Geräten ist für Milizsoldaten ohnehin kompliziert. Es wird bis Ende der siebziger Jahre dauern, bis der erste Grossauftrag der Schweiz in Zug eintrifft, als die Firma bereits nicht mehr im Besitz Hagelins ist.

Hagelins Biografie scheint im Rückblick geradlinig, dabei ist vieles Zufall: Dass er als Kind eine Diphtherie überlebt. Dass ein Wanderer sein Schreien hört, nachdem der schwimmunkundige Bub in den Familienferien in Schweden von einem Steg ins Wasser gefallen ist. Dass der Vater seine Leidenschaft für die Technik dem Sohn weitervermittelt («Ich wählte am Gymnasium selbstverständlich die Real-Linie mit Mathematik als Hauptfach, denn ich sollte ja Ingenieur werden wie mein Vater.»). Dass ihn Onkel Emanuel aus der Nobel-Familie nach dem Studium unter die Fittiche nimmt. Dass er während seiner zweiten Reise in die USA mit dem US-Kryptologen Bill Friedman einen Geistesverwandten trifft: Sie beide sind im Zarenreich geboren (Friedmans Familie flieht danach vor den antisemitischen Pogromen in die USA), beide sind Tüftler und beide werden zeitlebens von Depressionen heimgesucht. Dass ihn die Ärzteschaft im schwedischen Sanatorium, wo er 1934 nach einem schlimmen Nervenzusammenbruch eingeliefert wird, so gut betreuen und er nach einer Auszeit von einigen Monaten ins Geschäftsleben und in die Familie zurückkehren kann. Dass das Schiff des Ehepaars Hagelin auf der Rückreise nach Europa bei der Einfahrt in den Oslofjord eine Seemine aus dem 2. Weltkrieg um ein paar Meter verfehlt.

Diesen Zufällen verdankt das Zuger Bauerndorf Steinhausen seine Fabrik für Chiffriergeräte auf der grünen Wiese ab 1966. Die Stadt Zug hat nach dem ersten Immobilienboom kein freies Terrain mehr in dieser Grösse. Aus dem ehemaligen Bauerndorf Steinhausen, heute Agglomeration von Zug, wird in der Folge über den Ausgang von Kriegen und Geiselnahmen in aller Welt mitentschieden, mit der Schweiz als scheinbarer Garantin der Neutralität dieser Technologie.

Der Firmengründer stirbt 1983 im Alter von 91 Jahren, er hat seine letzten Jahre krank in der Schweiz verbracht. Seine Fabrik hat er nach und nach vergrössert, das Chalet an der Weinbergstrasse ist einem Mehrfamilienhaus gewichen. Eigentlich hat Hagelin geplant, sein Alter im Tessin zu verbringen, aber dann stirbt dort seine erste Gattin Annie wenige Monate nach dem Umzug. Er verheiratet sich 1969 ein zweites Mal mit Elsa Svensson, einer schwedischen Krankenschwester, die knapp vierzig Jahre jünger ist als er. Die neue «Lebensgefährtin», wie er sie bezeichnet, pflegt ihn bis zum Tod.

Ihr Bruder Sixten Svensson geht 2016 im Buch *Borisprojektet* Hagelins geheimer Vereinbarung mit Bill Friedman und der NSA nach. Seine Schwester Elsa, die 1999 verstirbt, habe dieses Geheimnis nicht gekannt, sagt er am Telefon: *«He never spoke to my sister about this project.»*

Der achtzigjährige Svensson erinnert sich bis heute an die letzten Worte seines Schwagers vor der Abreise in die Schweiz: «Ich kann dir nicht sagen, was ich im Leben alles gemacht habe. Sonst würdest du denken, dass ich der grösste Spion des Jahrhunderts war.»

Dazu soll Boris Hagelin herzhaft gelacht haben.

03

Die Erpressung

«Ich habe genug davon, Prügelknabe der USA zu sein.» Das sagt Boris Hagelin an einem frühen Freitagabend Ende September 1957 zu seinem Freund, dem US-Kryptologen Bill Friedman. Es ist der erste regenfreie Tag in dieser Woche und die beiden sitzen im Garten an der Weinbergstrasse ob Zug. Hagelin ist von einer internationalen Konferenz über Kryptografie in Paris zurückgekehrt. Als Exporteur von Chiffriergeräten droht er im Kalten Krieg zwischen den Blöcken zerrieben zu werden. Im kommunistischen Lager traut ihm nach seiner engen Zusammenarbeit mit der NSA während des 2. Weltkriegs kein Kunde mehr mit Ausnahme Jugoslawiens. Und die Abnehmer aus dem westlichen Lager kaufen ihre Geräte direkt in den NATO-Ländern. Bleiben als mögliche Kunden Hagelins die blockfreien Länder, die an der Konferenz von Bandung 1955 eine «Dritte Welt» begründet haben.

Seit Entstehen dieser Bewegung setzen die USA Hagelin unter Druck, den Blockfreien keine Geräte zu liefern, deren Verschlüsselung von den Geheimdiensten nicht zu knacken ist. Von den Kunden im kommunistischen Block ganz zu schweigen: Das Verhältnis zur Sowjetunion hat sich nach der Berlin-Blockade von 1948 laufend verschlechtert. Seither rüsten die beiden Blöcke gegeneinander auf, dazu gehört auch die Chiffriertechnik. Die Sowjetunion hat nach erfolgreicher Spionage des US-Atomprogramms in den letzten Kriegsjahren inzwischen eine eigene Atombombe entwickelt.

Die USA erlassen 1947 ein nationales Sicherheitsgesetz, das einen zentralen «Intelligence Service» nahe beim Präsidenten Harry S. Truman schafft. Es ist die Geburtsstunde der CENTRAL INTELLIGENCE AGENCY (CIA). Fünf Jahre später wird die «Signal Intelligence» geschaffen, die den technischen Support liefert, es ist die Geburtsstunde der NATIONAL SECURITY AGENCY (NSA). Die Berlin-Blockade und der von den Sowjets unterstützte Umsturz in der Tschechoslowakei 1948 haben inzwischen ausreichend klargemacht, dass mit der Sowjetunion nicht zu spassen ist. Dies ist die Geburtsstunde des NATO-Bündnisses, in dem sich die westlichen Staaten zur militärischen Zusammenarbeit und gegenseitigen Verteidigung verpflichten. Parallel zum Militärbündnis schaffen sie ein Kontrollgremium, die Exportkontrolle strategisch wichtiger Güter mit Sitz in Paris. Die Schweiz schliesst sich diesem Exportregime 1951 faktisch an.

Damit ist Hagelin nicht mehr frei, wohin er seine kriegstauglichen Chiffriergeräte liefern kann, insbesondere seine Neuerfindungen, die Telex- und Funknachrichten immer besser verschlüsseln. Ursprünglich ist er offen gegenüber Kunden auf allen Seiten: Auf seiner ersten grossen Auslandreise nach dem Krieg hat er Ägypten besucht und sich gut verstanden mit der «Bewegung freier Offiziere», die gegen den König geputscht hat. Präsident Muhammad Nagib schickt seinen Bruder auf der Suche nach der besten Chiffriertechnik für die ägyptische Armee nach Zug. Er macht Hagelins erster Sekretärin Doris Schweizer den Hof. «Ich habe ihn ein paarmal auf den Bahnhof begleitet», sagt die heute 85-Jährige, «es blieb eine lockere Freundschaft.» Kurz danach putscht der junge Offizier Gamal Abdel Nasser gegen die Nagib-Brüder. Ägypten ist für die USA kein vertrauenswürdiger Kunde mehr und darf es auch für Hagelin nicht sein.

Das Geschäft mit Chiffriergeräten läuft für Hagelin in den ersten Nachkriegsjahren angesichts der unklaren politischen Landkarte nur harzig an. Auf den Bruch mit Gretener folgen mehrere Jahre, in denen die Firma Verluste schreibt, zweimal muss Hagelin neues Kapital aufbringen. Mehrmals reist er in die USA auf der Suche nach alten Kunden und neuem Kapital, um seine Produktion in Zug aufzubauen. Friedman kennt Geldgeber, aber sie alle verlangen von Hagelin erst eine Klärung seiner Beziehungen zu den verschiedenen Kundenländern: An Staaten, die mit den USA nicht befreundet sind, wird er nur lesbare Geräte liefern dürfen. 1950 lässt sich Hagelin von Friedman in einem New Yorker Club erstmals per Handschlag verpflichten, auf die US-Interessen Rücksicht zu nehmen, ohne dass sie sich schon über die genauen Modalitäten absprechen. Das erlaubt ihm, in der Folge weiter zu lavieren. Die NATO ist für ihn als Partnerin zu unsicher, die Sowjetunion und China sind als Kunden undenkbar und den Blockfreien misstrauen die USA.

Es ist schliesslich die NSA, die auf eine Vereinbarung mit Hagelin drängt und Friedman Ende Februar 1955 als «Special Advisor» des Direktors für eine Woche nach Zug schickt. Er soll mit Hagelin den Kundenkreis künftiger Neuentwicklungen verbindlich klären. Der US-Kryptologe lässt sich während einer Woche über sämtliche Produkte und Kunden der Firma genauestens informieren. Mit Hagelins Sohn Bo junior geht er die Gerätelisten und die geplanten Neuentwicklungen durch. Bo junior zeigt sich insbesondere von der Weiterentwicklung der «C-52» begeistert, die Meldungen vor der Übermittlung mit sechs Schlüsselrädern chiffriert und das Chiffrat auf einen Papierstreifen druckt. Er will so rasch wie möglich mit der Produktion beginnen. Friedman bremst ihn – das gehe nicht ohne eine vorherige genaue Evaluation der möglichen Kunden.

Die USA wollen insbesondere verhindern, dass die arabischen Länder zu gute Chiffriergeräte kaufen können. Die komplexere Version der «CX-52» darf keinem arabischen Land vorgeführt werden, auch gegenüber Indien und Jugoslawien sind die Amerikaner skeptisch. Jugoslawien etwa, wo CRYPTO-Direktor Sture Nyberg («Ball») Verkaufsgespräche führt, ist in ihren Augen ein Satellit der Sowjetunion – da helfen alle Abgrenzungsversuche des Staatspräsidenten Josip Broz Tito nichts. Wieder droht dieser Ball in eine falsche Richtung zu rollen. Aber Hagelin hat auch keine Möglichkeit, seine guten Geräte der NATO-Kommunikation zu verkaufen – sie bestellt bei Firmen in NATO-Ländern.

Am Ende von Friedmans erstem Besuch in Zug 1955 einigt sich der schwedische Unternehmer mit dem US-Kryptologen auf ein *Gentleman's Understanding*. Demnach verpflichtet sich die CRYPTO, alle Verträge der NSA zu zeigen und die Kunden der einzelnen Gerätetypen mit ihr abzusprechen. Geld fliesst vorderhand nicht, denn Hagelin muss schon froh sein, von den USA nicht auf eine schwarze Liste gesetzt zu werden. Ausserdem verspricht der amerikanische Freund, sich für Mitglieder von Hagelins Familie in den USA einzusetzen: So wird einer seiner beiden Schwiegersöhne auf Empfehlung Friedmans in die US-Airforce aufgenommen, einer Cousine Hagelins stellt der US-Kryptologe eine Anstellung «in unserer Organisation» in Aussicht.

Hagelin drängt vor Friedmans Abreise auf mehr Details über die Empfindlichkeiten der USA, um trotz allem dauerhafte Kundenbeziehungen aufbauen zu können. Friedman stellt diese Details für seinen nächsten Besuch in Aussicht. Aus Sicherheitsgründen wird noch nichts Schriftliches fixiert, man einigt sich erneut per Handschlag, wie zuvor im New Yorker Nachtclub.

Dieser nächste Besuch folgt zweieinhalb Jahre später. Hagelin holt Friedman zu Beginn der letzten Septemberwoche am Flughafen Kloten ab. Friedman ist inzwischen pensioniert und nach drei Herzinfarkten gesundheitlich angeschlagen. Aber die NSA will die besondere Beziehung der beiden alten Freunde weiterhin nutzen, um Hagelin nicht mit der Peitsche, sondern freundschaftlich unter Druck zu setzen. Friedman kann bei Hagelin wohnen und macht seine Hotelreservation rückgängig. Diesmal sind der schwedische Direktor Nyberg und der Schweizer Ingenieur Oskar Stürzinger beim Besuch mit dabei. Bo junior weilt nicht mehr in der Schweiz, er ist auf Wunsch seiner Frau in die USA zurückgekehrt.

Friedman besichtigt erneut die Produktionsräume und zeigt sich von der ausgebauten Produktion beeindruckt, aber auch beunruhigt. Er erfährt von geplanten Exporten nach Indonesien und – ausgerechnet – Jugoslawien. Wiederum lässt er sich die Weiterentwicklungen vorführen. Mittwoch und Donnerstag ist er mit den beiden Direktoren Nyberg und Stürzinger allein. Hagelin bittet ihn, seine Rückkehr aus Paris abzuwarten.

Zurück in Zug, überrascht Hagelin den Freund am Freitagabend mit einem ultimativen Vorschlag, den er ihm zur Einwilligung vorlegt – andernfalls überlegt sich der schwedische Unternehmer, den Bettel hinzuwerfen und seine Firma an SIEMENS zu verkaufen. Seine Produktion sieht künftig drei Gerätetypen für unterschiedliche Kundengruppen vor: Geräte mit den komplexesten Algorithmen (Typ I) werden nur an NATO-Mitglieder und mit ihnen direkt verbundene Staaten ausgeliefert. Sie bieten sämtliche Möglichkeiten der Benutzung und sind nach damaligem Stand nicht zu knacken. Weniger flexible Geräte (Typ II) werden an befreundete Staaten ausgeliefert – Hagelin erwähnt etwa neutrale Staaten wie Finnland. Typ III schliesslich, ohne Flexibilität in der Bedienung und damit von geübter Hand knackbar, soll an Länder «mit zweifelhafter Orientierung» verkauft werden. Dazu gehören die arabischen Länder und – selbstredend – alle Staaten im Einflussbereich der UDSSR.

Schweden und die Schweiz sollen zur Kategorie I gehören. Hagelin und sein Direktor Sture Nyberg sind schwedische Patrioten und haben nicht vergessen, dass der Generalstab ihres Heimatlandes zu den ersten Kunden der AB CRYPTOTEKNIK gehörte. Hagelin hat den Schweden zugesagt, nichts zu tun, was ihre Interessen verletzt. Auch die Interessen der Schweiz, die ihm nach dem Zerwürfnis mit Gretener die Aufenthaltsbewilligung verlängert hat, will der schwedische Unternehmer wahren. Er kennt deren enge Verbundenheit mit den USA, seit Bern der Europazentrale des OFFICE OF STRATEGIC SERVICES (OSS) während des 2. Weltkriegs Gastrecht bot. Vorderhand bleibt aber Hagelins Konkurrentin GRETAG für Schweizer Aufträge in einer besseren Position. Die CIA wird dieser wendigen Konkurrentin den Decknamen «Tiger» geben.

Friedman ist von Hagelins Vorschlag überrascht und zugleich angetan. Hagelins geschäftlicher Opportunismus hat die USA zunehmend beunruhigt. Sie sind daran, zur wichtigsten Grossmacht der Welt aufzusteigen, und misstrauen in diesem Anspruch nicht nur der Sowjetunion. So willigt Friedman ein in ein *Gentlemen's Agreement.*

Mit diesem Abkommen wird für die CRYPTO der Weg frei zur international erfolgreichsten Herstellerin für Chiffriergeräte ausserhalb der Blöcke. Neun Jahre später wird der neue Firmensitz auf einer ehemals grünen Wiese im Zuger Vorort Steinhausen eingeweiht, bald wird es dort neben Produktions- und Verwaltungsgebäuden auch eine Kantine, einen Tennisplatz, eine Bocciabahn sowie das Schulungszentrum «Paradiesli» geben. Die Stimmung unter den Beschäftigten ist anfänglich sehr gut, zeitweilig fast euphorisch. Man fühlt sich als verschworene Truppe, als Teil der freien Welt und arbeitet in einem deutlich weniger bürokratischen Umfeld als die staatsnahen Schweizer Betriebe in der Elektrotechnik. Nach amerikanischem Vorbild duzen sich alle Beschäftigten.

Aber die Regelung mit den drei Kategorien erweist sich als kompliziert und intern nicht vermittelbar. Sie bleibt geheim,

Hagelin spricht vage von «*Political Paternalism*»: «Wir kamen dazu, dass wir Kunden aus verschiedenen Ländern Maschinen mit unterschiedlichen Schaltsystemen bieten konnten», schreibt er in seiner Biografie. Unterschiedliche Länder bräuchten unterschiedliche Sicherheit. Als Gründer und graue Eminenz hat er das bedingungslose Vertrauen der Beschäftigten. Was für ihn und die freie Welt gut ist, ist auch gut für sie.

«Hagelin war wie ein Vater», erinnert sich die erste Sekretärin Doris Schweizer.

04

Amerika!

Das Minerva-Programm der amerikanischen und deutschen Nachrichtendienste unter dem Schweizer Schutzschirm wäre nicht fünf Jahrzehnte geheim geblieben ohne die USA-Begeisterung ihrer Mitwisser. Amerika! Seit seinen Reisen und seiner US-Zeit ist Boris Hagelin fasziniert vom rasanten technischen Fortschritt, begeistert von den Niagara-Fällen und den Studios der Filmindustrie in Hollywood. Schauspieler Douglas Fairbanks persönlich hat ihn in der Frühzeit der Filmindustrie mit einer Gruppe durch die Studios geführt, als *Die drei Musketiere* erstmals – stumm – verfilmt werden («Natürlich war er D'Artagnan»).

«Clapper», der als HTL-Ingenieur aus Basel Ende der siebziger Jahre in die Firma eintritt, weiss schon als Kind, wohin es ihn dereinst ziehen wird: «Ich werde halt nach Amerika gehen und ihr nicht!», schreibt er in seiner als Schlüsselroman getarnten Biografie trotzig, «obwohl erst zehnjährig, ist er sich dessen absolut sicher.» «Clapper» heisst in Wahrheit Kirk Kirchhofer, in seinem Roman gibt er sich das Pseudonym Fabian. Nach zehn Jahren beruflichen Aufenthalts in Minnesota und Kalifornien zieht es den Basler nach Europa zurück, erst nach Deutschland, dann in die Schweiz. Seine Wunscharbeitgeberin ist die CRYPTO AG in Steinhausen.

«Clapper» schreibt in seinem Schlüsselroman über sein Alter Ego Fabian: *Welches Bild hatte er von der Neuen Welt? Damals war es das Bild einer Welt, die in Ordnung ist. Für ihn sind die USA, wie sie in der Glenn-Miller-Story mit James Stewart gezeigt werden. Amerika: Das bedeutet für ihn Wolkenkratzer, grosse farbige und feudale Autos, Menschen, denen es gut geht, die in eigenen schmucken Häusern wohnen, meist mit Swimming Pool, und die immer gut gekleidet sind. Technik? Wer ist die führende Bastion? Woher kommt das Fernsehen? Amerika hat es besser, kurz, es ist das Land der unbegrenzten Möglichkeiten.*

Tatsächlich sind die USA in der Übermittlungstechnologie Europa zu jener Zeit weit voraus. Wer einen Teil seines Berufslebens in den USA verbringt, ist in der Schweiz begehrt. So auch die Ingenieurin Caflisch, die auf einem Aussenposten der Universität Maryland in der Radioastronomie tätig ist und nach ihrer Rückkehr 1978 in die Firma eintritt. Sie hat in den USA die elektromagnetischen Wellen erforscht, die neben dem sichtbaren Licht und der Wärme durch Radiofenster in der Atmosphäre auf die Erde gelangen, und war zuständig für die Entwicklung der Apparate für den Signalempfang. Das ist eine spannende Zeit, weil vieles im Umbruch ist, auch technologisch. Ausserdem ist es, speziell nachts in der Wüste, eine faszinierende Sache, denn sie hatten die Milchstrasse und ein unendliches Sternenmeer vor Augen – «nahe an paradiesischen Zuständen», wie sie sich erinnert.

Die Zuger Firma gilt aufgrund ihrer engen Kontakte in die USA als Brücke zur freien Welt. Entwicklungsingenieur Jürg Spörndli sagt: «Die CRYPTO machte auf uns einen frischen Eindruck, weltoffen und frei für Neues. Die Stimmung hier war deutlich weniger bürokratisch als in Bern. Damals herrschten in der Schweiz die Kartelle. HASLER, PTT, alles war etabliert, strikt nach Schema. Es gab tausend Vorschriften, ein Techniker hatte wenig Freiheiten. Die Abschottung der Länder war gross, nach der Devise: Es reicht, den Markt in der Schweiz zu beherrschen und niemand aus dem Ausland hereinzulassen.»

Alle waren sie beeindruckt von den USA. Es ist der Mythos der Moderne, jener Zeit, die der Maler Edward Hopper in seinen Bildern festhält. Jedes dieser Bilder weist über sich hinaus. Was in Zug der See und die Berge, sind in Hoppers Bildern das Meer und die Wälder: eine faszinierende Gegenwelt zur Moderne, nie ganz geheuer.

1958 nimmt die CIA dem kranken NSA-Kryptologen Friedman das Heft im Dossier *Crypto* aus der Hand. Wieder zeigt sich die CIA mit ihrer Namenswahl auf der Höhe der griechischen Geschichte: Sie gibt dem Projekt den Decknamen «Spartan». Hagelin soll sich so strikt und diszipliniert verhalten wie die einstigen Krieger im Süden des Peloponnes und sich künftig jeder Eigenmächtigkeit bei seinen Exporten entsagen. Friedman stellt Hagelin auf seiner letzten Reise nach Zug den neuen Verhandlungspartner vor: einen amerikanischen Anwalt, der in Paris lebt.

Der CIA-Anwalt bietet Hagelin für die vertragliche Verpflichtung zur Exportdisziplin eine einmalige Zahlung von 855 000 Dollar an und danach eine jährliche Entschädigung von 70 000 Dollar. Die Lösung soll einfacher werden: nur noch zwei Gerätetypen, nicht knackbare mit komplexem Algorithmus für NATO-Länder und befreundete Staaten, knackbare mit weniger komplexem Algorithmus für alle anderen. Hagelin willigt ein und stoppt den geplanten Export technologisch zu guter Geräte vom Typ «CX-52» nach Mexiko und Brasilien. Stattdessen liefert er diesen Ländern ein modifiziertes knackbares Modell, das dem Kunden auf den ersten Blick als gleichwertig erscheint: «CX-52-M-27». Es unterscheidet sich vom einwandfreien Gerät äusserlich nur durch die Farbe des Gehäuses. Kein Kunde ahnt, dass das feindliche Mitlesen programmiert ist.

Die CIA macht Hagelin bald auch ein erstes Kaufangebot für die Firma. Er kann dabei weiterhin als Berater tätig bleiben. Aber Hagelin will sich vorderhand die Möglichkeit offenlassen, die Firma seinem Sohn Bo junior zu übergeben, falls sich der auf seinem Aussenposten für Nord- und Südamerika bewährt. Bo teilt als einziger der drei Söhne die technische Begeisterung von Vater und Grossvater, während seine Brüder in Schweden mehr mit der Natur verbunden sind. Aber der jüngste Sohn kann noch immer nicht mit Geld umgehen, er hat familiäre Probleme und zieht aus Sicht der CIA das Programm mit den zwei Kategorien gegenüber seinen Kunden zu wenig konsequent durch. Einmal liefert er einem nicht vertrauenswürdigen Staat ein «zu gutes» Gerät, ein andermal gibt er ein Bedienungshandbuch heraus, das für diesen Kunden nicht freigegeben war. Die CIA bezeichnet ihn in der Folge als *«wild card»*.

Als Hagelin Ende der sechziger Jahre auf den 80. Geburtstag zugeht, ist er zum Verkauf entschlossen. Viele Käufer kommen bei dieser Branche nicht infrage, im Grunde sind es vier: die USA, Grossbritannien, Frankreich und Deutschland. Der Schweizer Nachrichtendienst hält sich wohlwollend abseits, er ist mit allen vier Käufern befreundet. Der britische Auslandgeheimdienst MI-6 steht ihm zu jener Zeit am nächsten, Frankreichs und Deutschlands Geheimdienste folgen punkto Nähe gleich dahinter. Mit dem deutschen Nachrichtendienst etwa tauschen die Schweizer Sicherheitsbehörden laufend Informationen über verdächtige DDR-Funktionäre aus.

Mit allen vier Kaufinteressenten unterhält der Firmengründer enge Kontakte sowohl auf Entwicklungs- wie auch auf Kundenseite. Mit SIEMENS hat Hagelin schon in den fünfziger Jahren über ein Joint Venture nachgedacht, er einigt sich mit dem deutschen Hersteller schliesslich auf eine Absprache der Produktpalette. Deutschland und Frankreich geben 1967 das erste gemeinsame Kaufangebot für die CRYPTO ab. Die USA opponieren dagegen: Frankreich gewichtet aus Sicht der USA seine nationalen Interessen zu stark und die gemeinsamen Interessen zu wenig. Nach einem Streit um die Unterstellung seiner Flotte und die Lagerung von atomaren Sprengköpfen auf seinem Terrain hat sich die Regierung Frankreichs aus der militärischen Struktur der NATO zurückgezogen. Anders Deutschland: Wilhelm Göing, Leiter der Zentralstelle für Chiffrierung im BND, schlägt der CIA vor, Hagelin ein gemeinsames Kaufangebot zu unterbreiten, der Kaufpreis soll in etwa der deutsch-französischen Offerte entsprechen.

Hagelin akzeptiert das deutsch-amerikanische Angebot, er verkauft seine Firma im Juni 1970 an die beiden westlichen Geheimdienste und erhält dafür in drei Tranchen umgerechnet 25 Millionen Franken. Das Memo wird je von einem BND- und einem CIA-Agenten unterschrieben, der CIA-Mann in Deutschland unterschreibt aufgrund einer beginnenden Parkinson-Erkrankung mit krakeliger Schrift. Die Firma erhält unter den neuen Eigentümern den Tarnnamen «Minerva». CIA und Bundesnachrichtendienst nennen das Programm erst «Thesaurus», nach einer Neuorganisation des BND ab 1987 «Rubikon». Der Name «Thesaurus» steht für ein Wörter-Schatzhaus, «Rubikon» signalisiert, dass die beiden Geheimdienste einen historisch wichtigen Schritt machen und zusammen eine Grenze überschreiten. Die CRYPTO erhält einen Beirat aus SIEMENS-Leuten, der Münchner Konzern wird nach dem Rückzug des Schweden Sture Nyberg («Ball») ab 1976 auch die Geschäftsleiter stellen. Die enge Bindung an SIEMENS soll die technologische Zusammenarbeit vertiefen, gleichzeitig taugt sie hervorragend als Legende, falls die deutsche Beteiligung eines Tages zu Misstrauen Anlass geben sollte. Das kann jederzeit passieren, denn nun steht die Umstellung auf elektronische Chiffriergeräte an. Sie wird die Unterscheidung von sicheren und unsicheren Chiffriergeräten noch schwieriger machen.

Hagelin vollzieht den Schritt in die Elektronik nur zaghaft, da ihm und seinen Ingenieuren das nötige technische Wissen dazu fehlt. Er schreibt in seiner Biografie: «Für mich war dieser erste Schritt in die Elektronik etwas Unheimliches. Ich war ja vor allem ein Ingenieur mit mechanischer Ausbildung, ein wenig als Elektriker angelernt und sträubte mich lange Zeit gegen dieses elektronische Abenteuer.»

Andernorts ist dieses Abenteuer schon Alltag, speziell in Arizona, wo MOTOROLA in seinem Forschungslabor in Phoenix die Entwicklung von Mikroprozessoren vorantreibt. Unter Führung der NSA baut die CRYPTO die erlaubten Mikroprozessoren in die erste Generation ihrer elektronischen Geräte ein. Der Algorithmus orientiert sich am Schema der sechs Typenräder aus der mechanischen Generation, aber er wird in der elektronischen Umsetzung ungleich raffinierter.

Dieser technologische Sprung wird die Firma in einen Konflikt mit der neuen, nicht eingeweihten Generation ihrer Ingenieure führen. Denn natürlich haben diese Ingenieure und die eine Ingenieurin den Ehrgeiz, die besten und sichersten Geräte herzustellen. Und wundern sich, warum man sie daran hindert.

Die bestqualifizierte Ingenieurin Mengia Caflisch wundert sich auch, warum das Fachniveau in der Firma nicht höher ist: «Ich frage mich bis heute, ob das mangelnde Fachniveau gewollt oder ungewollt war. Man stellte sorgfältige Entwickler ein, aber es fehlten zukunftsorientierte, innovative Vorgesetzte mit breitem Horizont. Ich wollte da und dort sehen, wie das gemacht wurde. Mir wurden zwei Kryptologien gegen Unterschrift ausgehändigt und ich dachte mir nach zwei, drei Tagen: He, hallo, was haben sie sich dabei gedacht? Es schien mir alles ein bisschen löchrig, unterkomplex. Ich sah darin eine Strategie, wie man zum einzelnen Schlüsselelement kommt. Für eine gute Chiffrierung hätte alles so komplex sein sollen wie möglich. Wenn man etwas daraus isolieren kann, ist das immer heikel. Eigenartig erschien mir auch, dass die Firma einzelne im Handel frei erwerbbare Bücher, etwa einen Klassiker der Kryptologie über Schieberegister, in einem Schrank einschloss.»

1980 wird mit Kjell-Ove Widman ein schwedischer Mathematikprofessor als Chefkryptologe eingestellt, der das Fachniveau in der Firma deutlich erhöht. Der Wissenschaftler hat unter Kryptologen international einen guten Ruf, er ist seit einem Studienjahr in Washington von den USA fasziniert. Seine Gastfamilie dort nennt ihn der einfacheren Aussprache wegen «Henry», die CIA wird Henry als höchste Auszeichnung den Decknamen der Göttin der Weisheit geben: «Athena».

«Athena» wird 1979 vom schwedischen Nachrichtendienst auf ein Treffen mit dem neuen CIA-Vertreter in Deutschland und einem Oberst des deutschen Bundesnachrichtendienstes vorbereitet. Die Testfrage «Kennen Sie die Zentralstelle für Chiffrierung?» kann er beantworten, er weiss aus seiner Arbeit für den schwedischen Geheimdienst, dass die Zentralstelle für Chiffrierung in Bad Godesberg zum deutschen Bundesnachrichtendienst gehört. «Athena» wird von CIA und BND mit einem guten Lohn und einem prestigeträchtigen Titel («Chefkryptologe») geködert. Er nimmt das Angebot an, denn Europa fühlt sich in dieser Zeit von den sowjetischen Mittelstreckenraketen stark bedroht. Für ihn ist klar, dass sich die freie Welt in dieser Auseinandersetzung mit der besten Technologie wird behaupten müssen.

«Athena» gelingt es, die Wogen im Konflikt der Firma mit ihren Ingenieuren während einiger Jahre zu glätten. Er gilt als Mann mit Stil und begegnet den Ingenieuren und der einen Ingenieurin auf Augenhöhe, mathematisch ist er ihnen überlegen. Einzig der deutsche Bundesnachrichtendienst kann es nicht gut mit ihm, weil ihm «Athena» zu eigenständig wird. Der BND trägt den Amerikanern nach, dass sie den von ihnen vorgeschlagenen holländischen Mathematiker für die Nachfolge Frutigers abgelehnt haben. Ein BND-Veteran beschreibt den schwedischen Kryptologen in einem internen Papier als «arrogant». «Athena» hält die Verbindung zu seinem Heimatland aufrecht, verteidigt dessen Interessen und will auch Finnland nicht hinters Licht führen. Er vermittelt den Deutschen den Eindruck, dass Schweden stets über alles informiert ist. Das war die Bedingung seines Einstiegs.

Nach dem Mord an Martin Luther King und den Bildern von Kriegsverbrechen im Vietnamkrieg ist das Amerikabild aus den fünfziger und frühen sechziger Jahren nun auch für viele Schweizerinnen und Schweizer erschüttert. Anders als ihre Vorgängerorganisation OSS im 2. Weltkrieg, steht die CIA im Konflikt zwischen Freiheit und Unfreiheit nicht mehr bedenkenlos auf der richtigen Seite. Sie ist Frankensteins Schöpfung inzwischen ähnlicher geworden als der amerikanischen Freiheitsstatue.

Die schmutzigen Operationen beginnen 1953 mit dem Amtsantritt von Präsident Dwight D. Eisenhower und der Übergabe der CIA-Leitung an Allen Dulles. Gleich zu Beginn putscht die CIA unter Dulles Führung mit ihren Agenten und Söldnern gegen demokratisch gewählte Regierungen im Iran (1953) und in Guatemala (1954). Deren Verbrechen besteht aus CIA-Sicht in erster Linie darin, dass sie unabhängig sein wollen. Der iranische Ministerpräsident will die Erträge aus den Ölquellen neu verteilen, die Regierung Guatemalas plant eine Landreform, die den Boden breiter verteilen wird. Aus Sicht der demokratisch gewählten «Revolutionäre» sind dies in beiden Ländern Voraussetzungen dafür, dass die arme Bevölkerung Zugang zu Ressourcen erhält und damit Aussicht auf eine minimale Chancengleichheit. In beiden Staaten folgen auf die CIA-Putschs die Einsetzung von Marionettenregierungen und Jahrzehnte der gewaltsamen Auseinandersetzung, beide Staaten sind bis heute Autokratien mit grosser sozialer Ungleichheit. Und in beiden Staaten hält sich bis heute das Feindbild USA.

Dulles wird nach seiner ersten Niederlage, dem misslungenen Putsch 1961 gegen Fidel Castro, von Präsident John F. Kennedy abgesetzt. Die von Dulles beauftragten US-Söldner werden nach ihrer Landung auf Kuba in der Schweinebucht entdeckt und verhaftet. Nach dem Mord an John F. Kennedy gerät die CIA auch in den USA unter Druck. Der frühe CIA-Chef Roscoe Hillenkoetter traut den Geheimdiensten nach seiner Pensionierung alles zu. Sein einstiger Mentor Harry S. Truman teilt seine Bedenken und zeigt sich im Alter darüber erschreckt, wie sich der von ihm geschaffene Nachrichtendienst verselbständigt hat. Die CIA ist vom ursprünglich angedachten Intelligence Arm des Präsidenten zum

Symbol düsterer mysteriöser Intrigen geworden. Trotzdem schreibt Truman eine freundliche Widmung auf ein gerahmtes Foto, das ihn als historischen Gründer im 1964 erstellten CIA-Hauptsitz in Langley zeigt.

So entstehen jene zwei US-Welten, die Bob Dylan 2020 in seiner Ballade *Murder most foul* besingen wird: Hier die demokratischen, freiheitlich gesinnten, glamourösen USA, kulturelle Taktgeber der freien Welt ab den fünfziger Jahren – dort die hinterwäldlerischen, rassistischen USA, die Öffnungen im Keim ersticken, unabhängige Demokratiebewegungen in ihrem «Hinterhof» als Gefahr sehen und gegen demokratisch gewählte Regierungen putschen.

05

Die kleinen Geschichten

Minerva – das sind auch die kleinen Geschichten von Angestellten, die unversehens in ein Projekt der Weltgeschichte geraten. Die nichts wissen, vielleicht auch nichts wissen wollen, aber das Geheimnis ihrer Firma vereinzelt ahnen. Und wenn, dann geben sie das Geheimnis nicht preis und rechtfertigen ihre Verschwiegenheit gegenüber sich selber mit der tollen Stimmung in der Firma.

Die Mitarbeiter geniessen auch die Gegend am Zugersee zu sehr, als dass sie mit der Aufdeckung ihre Jobs und andere Leute gefährden wollten. Schliesslich geht es um die grosse Auseinandersetzung zwischen der freien und der unfreien Welt, da hilft man gerne mit, den Schurkenstaaten auf die Finger zu schauen.

Es ist auch meine kleine Geschichte als Autor dieser Erzählung, weil ich aus entgegengesetzter Motivation den Journalistenberuf ergriffen habe, um solchen Geheimnissen auf die Spur zu kommen, und es bis heute nicht bereut habe. Weil solche Machenschaften auf Dauer jene freie Welt zu zerstören drohen, die zu verteidigen sie vorgeben.

In unterschiedlichen Rollen wollen Ingenieure ihr Bestes geben, werden aber daran gehindert. Verkäufer riskieren ihr Leben an der Front, ohne es zu wissen. In zwei Fällen (Elfenbeinküste, Saudi-Arabien) endet dieses Risiko für sie tödlich, im Fall des im Iran verhafteten und psychisch gefolterten Zürcher Verkaufsingenieurs Hans Bühler mit einem lebenslangen Trauma. Ein deutscher Techniker im Prüffeld wird zu Unrecht als Spion verdächtigt. Einzelne Politiker und Armeeoffiziere erfahren oft auch nur am Rande oder zufällig von dieser delikaten Konstruktion, aber wollen lieber nichts Genaues wissen. Vielleicht haben sie alle gute Gründe – wir wissen es nicht, denn sie haben sich bis heute dieser Auseinandersetzung nicht gestellt. Und im Hintergrund steht das neutrale, demokratische Land, das sich als Gastgeber dieser Firma zum unlauteren Helfer der westlichen Nachrichtendienste macht. Niemand soll sicher sein, wie er oder sie an ihrer Stelle gehandelt hätte.

Spätestens ab dem Jahr 1977 gibt es Zweifel auf allen Hierarchiestufen und in allen Schattierungen. Am wenigsten Bedenken hat wohl «Siegfried», der erste Schweizer Entwicklungsingenieur. Oskar Stürzinger ist ein linientreuer Bewunderer Hagelins und Mann der ersten Stunde in Zug. Stürzinger hat sich in den vierziger Jahren an der ETH zum Elektroingenieur ausbilden lassen, wird zunächst von Hagelins Konkurrenten Edgar Gretener angestellt und läuft nach dem Zerwürfnis der beiden zum schwedischen Unternehmer über. Seine Frau wird dabei als persönliche Sekretärin Hagelins gleich miteingestellt.

Wie der erste schwedische Ingenieur Sture Nyberg («Ball»), ist «Siegfried» für Hagelin eine Person des absoluten Vertrauens. Er sitzt mit am Tisch, als der NSA-Chefkryptologe Friedman namens «seiner Organisation» Druck auf Hagelin macht, die Liste der vertrauenswürdigen Kundenländer zu bereinigen. Er ist dabei, als Hagelin vor seinem Rückzug Verkaufsgespräche mit dem deutschen und dem französischen Geheimdienst führt. Und «Siegfried» sitzt auch mit am Tisch, als die Firma 1975 mit MOTOROLA und der NSA berät, welche Microchips des US-Herstellers die Zuger Firma in die unterschiedlichen Gerätetypen einbauen darf. Bis zu seiner vorzeitigen Pensionierung steht er weitere vier Jahre als stiller Mitwisser der Firmengeschichte auf der Lohnliste, man schickt ihn an Tagungen und Messen, er unterhält die Belegschaft mit Anekdoten aus der früheren Zeit – zu sagen hat er in der Firma unter CIA-BND-Führung nur noch wenig. Er fühlt sich zeitweilig von wichtigen Verhandlungen ausgeschlossen, wird frühzeitig pensioniert und zieht ins steuergünstige Monte Carlo. Mehrmals jährlich kehrt er in die Schweiz zurück, besucht die Fabrik in Steinhausen und hält die Geschäftsführer über die Frühzeit der Firma auf dem Laufenden.

Entwicklungsingenieurin Mengia Caflisch erzählt: «Stürzinger war bei uns ein gern gesehener Gast. Er wusste alles über die mechanischen Geräte der Firma mit ihren sechs Rädern. Er war ein älterer leutseliger Herr, dem wir gerne zuhörten, wenn er über die Gründerjahre erzählte; witzig, eifrig. Aber inzwischen war eine ganz andere Technologie gefragt: Elektronik, Hardware, mehr und mehr aber auch Software.»

So entfaltet sich das geheime kleine Netz vom Zugersee aus über vier Jahrzehnte rund um den Erdball. In den fünfziger Jahren machen die USA Druck auf Boris Hagelin, die besten Geräte nur an befreundete Länder zu liefern, bis der neutrale Schwede in der neutralen Schweiz nachgibt. In den sechziger Jahren baut er seine Firma CRYPTO auf dieser Basis auf. Während des technologischen Wandels in den siebziger Jahren hin zur Elektronik wird eine neue Generation von smarten Ingenieuren (und eine Ingenieurin) eingestellt, die der Firmenleitung punkto Sachkenntnis deutlich überlegen ist und sich das Nachfragen nicht verbieten lässt. Die achtziger Jahre bringen den wirtschaftlichen Durchbruch. In den neunziger Jahren schliesslich lassen sich die

Vorgaben der Nachrichtendienste immer schlechter verbergen und die Kunden werden definitiv misstrauisch.

Im Rhythmus der Jahrzehnte schlagen einzelne Ereignisse ein, die die Belegschaft verunsichern. 1970 kommt Hagelins jüngster Sohn unter ungeklärten Umständen bei einem Verkehrsunfall ums Leben. In der Firma erzählt man sich, er sei von einem entgegenkommenden Lastwagen absichtlich gerammt worden. 1977 scheidet der Entwicklungschef Peter Frutiger Knall auf Fall aus, obwohl er der Kompetenteste in der Firma ist und das Vertrauen der ganzen Belegschaft geniesst. Frutiger hat sich offenkundig bemüht, die besten Geräte für alle Kunden herzustellen, wird daran gehindert und zieht seine Konsequenzen. Ein Mann mit Rückgrat.

Ingenieurin Caflisch erzählt: «Frutiger blieb nach seiner Entlassung in der Firma ein Dauerthema. Sein Name schwebte auf seltsame Art wie ein Schatten über der Firma. Es war seltsam, welche Gefühle und Aussagen dieser Name auslöste, wenn von ihm im kleinen Kreis die Rede war. Für die einen war er ein Held, für die anderen ein Verräter, der der Firma schadete.»

Im CIA-Bericht *«Minerva – A History»* heisst es: *Als Frutiger 1978 entlassen wurde, erhob er beim Schweizer Justizdepartement Manipulationsvorwürfe gegen die Firma, ohne dass die Partner davon Kenntnis hatten. Obwohl der Chef der Bundespolizei es ablehnte, ein formelles Untersuchungsverfahren zu eröffnen, liess er heimlich einige CRYPTO-Geräte untersuchen. Der Chiffrierdienst der Schweizer Armee fand dabei heraus, dass die Algorithmen zwar nicht so gut waren, wie sie sein sollten, entdeckte indessen nichts, was irgendjemand vor Gericht hätte ziehen können. Aber fehlende Kriminalität war noch kein Gesundheitsattest. Es war den Schweizern klar, dass die Geräte nicht koscher waren. Die Untersuchung verstärkte das implizite Verständnis in der Bundespolizei und im Schweizer Nachrichtendienst, dass Frutigers Belastungen richtig waren. Jeder der Involvierten wusste genug, um es so zu sehen.*

1986 kehrt der lokale Vertreter der Firma in der Elfenbeinküste mit einer rätselhaften Erkrankung in die Schweiz zurück und verstirbt nach wenigen Tagen. Sein Leichnam wird nicht obduziert, und deswegen hält sich bis heute die dunkle Vermutung, er sei vergiftet worden. 1992 folgt der Skandal, der weltweit für Furore sorgte: CRYPTO-Verkäufer Hans Bühler wird im Iran verhaftet und einer neunmonatigen Tortur unterworfen, während der die Verhörer alles aus ihm herauspressen, was er weiss. Sein Glück sei, dass er zu seiner eigenen Sicherheit nicht alles habe wissen wollen, erzählen sich die Kollegen. Sie fühlen sich solidarisch mit ihm. Umso enttäuschter sind sie, als die Firma den abgemagerten und traumatisierten Kollegen nach der Rückkehr nicht stützt, sondern diffamiert und entlässt. Die Belegschaft fühlt sich wie eine verunsicherte Truppe im Krieg, die mitbekommt, dass man sich nicht um ihre Verletzten kümmert.

2002 wird der lokale CRYPTO-Vertreter in Saudi-Arabien in die Luft gesprengt, als er sich in seinen Wagen setzt. Die Bombe unter seinem Ford Mercury wird ferngezündet, noch bevor er den Wagen startet. Saudi-Arabien macht rivalisierende Banden der Alkoholmafia für das Attentat verantwortlich. Das ist für die Beschäftigten der CRYPTO etwa so glaubwürdig wie die Behauptung, Bühler sei 1992 in Teheran verhaftet worden, weil er in einer Privatwohnung Alkohol getrunken habe.

In dieser Reihe von Attentaten, Übergriffen und dubiosen Unglücksfällen muss sich jeder CRYPTO-Beschäftigte bedroht fühlen, der für die Firma ins Ausland reist. Selbst Geschäftsleiter Heinz Wagner («Block») soll laut WASHINGTON POST ein mulmiges Gefühl haben, als ihn die argentinischen Generäle im November 1979 nach Buenos Aires bestellen und ultimativ von ihm fordern, dafür zu sorgen, dass die von ihrer Armee verwendeten Chiffriergeräte gegen Angriffe vollständig geschützt werden. Es ist die Zeit der Militärdiktatur, als 30 000 Oppositionelle verschwinden. Auf einen mehr oder einen weniger kommt es den Generälen nicht an. «Block» kehrt unversehrt zurück, nachdem er Argentinien die besten, sicheren Textgeräte zusagt. «Dabei waren diese Geräte nicht manipuliert», sagt sein Nachfolger Michael Grupe, «sie waren zu jenem Zeitpunkt einfach nicht mehr State of the Art.»

Die Argentinier bleiben skeptisch und ändern den Schlüssel ihrer Chiffriergeräte im Falklandkrieg von 1982 stündlich. Trotzdem können die Engländer die Nachrichten der argentinischen Marine laut einer niederländischen Quelle mit Hilfe des dortigen Geheimdienstes entschlüsseln. Die Briten lokalisieren das Kriegsschiff Belgrano und versenken es mit drei Torpedos – 323 argentinische Seeleute kommen ums Leben.

Die Ingenieurin Caflisch treibt das Thema bis heute um: «Wie habe ich mir diese Welt vorgestellt, in der ‹etwas› im Hintergrund läuft? Wie wäre ich damit umgegangen, wenn ich die Zusammenhänge genauer gekannt hätte? Damals habe ich mir diese Frage nicht gestellt – da war wohl Verdrängung mit dabei. Ich war im persönlichen Dilemma, aber es gab auch ein dem Geschäft inhärentes Dilemma: Welchem Staat soll man auf die Finger schauen, welchem nicht? Ich wollte nicht endlos diskutieren, auch nicht, ob die Firma jetzt mehr Gutes oder mehr Böses bewirkt und wie wichtig Undercover-Zusammenhänge sind.»

1979 ist auch die jugoslawische Armeeführung gegenüber den Chiffriergeräten der CRYPTO misstrauisch. Sie lässt zwei Vertreter der CRYPTO nach Belgrad kommen.

Einer der Beteiligten, Verkaufsingenieur Bruno von Ah, erzählt: «Die Jugoslawen hatten gute Wissenschaftler, die zur Überzeugung kamen, dass das Bündelchiffriergerät MCC 314 nicht sicher war. Sie machten sich Gedanken, warum der Zählerstand immer wieder neu gesendet werden musste, und baten die Firma im November 1979, einen Produktspezialisten nach Belgrad zu schicken. Das war ich, ich kannte dieses Gerät in- und auswendig und bin deshalb mit dem zuständigen Verkäufer dorthin gereist.

Im Saal eines Ministeriums haben uns vier Armeevertreter in Uniform und ein Beamter in Zivil an einem grossen Tisch empfangen. Die Stimmung war freundlich, obwohl sie für uns eine schlechte Botschaft parat hatten: ‹Meine Herren, wir haben dieses Gerät studiert und wir behaupten, dass wir diesen Schlüssel innert einer Stunde herausholen können. Also wollen wir von euch wissen, welche Massnahmen wir treffen können, damit diese Knackerei aufhört.› Andernfalls drohten sie, die Geräte retourzuschicken oder das Ganze öffentlich zu machen. Wir hatten zur Entspannung der Situation aus dem *Duty-Free*-Shop eine Flasche Cognac mitgebracht. Sie strahlten und brachten gleich Gläser, aber in der Sache blieben sie hart. Sie wollten sechs oder sieben Funkverbindungen mit je bis zu 32 Telefonkanälen fürs ganze Land aufbauen und die Garantie dafür haben, dass diese Verbindungen abhörsicher waren. Das schien ihnen nicht gewährleistet, weil der Schlüssel praktisch mitgesendet wurde – auch wenn das Abhören nicht einfach war. Selbst mit heutigen Computern hätte dies einen grossen Aufwand bedeutet. Wir kehrten nach Steinhausen zurück und informierten die Geschäftsleitung über das Begehren der Jugoslawen. Die Stimmung bei diesem Treffen war nicht sonderlich gut.»

Ich verdanke diesem Ingenieur die Kenntnis meiner mangelnden Treffsicherheit als Kanonier der Fliegerabwehr. Er und seine Kollegen berechneten einst im technischen Dienst des Zeughauses Emmen die Flugbahn meiner Geschosse in der Rekrutenschule im Engadin. Als Kanoniere auf den BÜHRLE-Geschützen mussten wir im Handbetrieb auf Schleppsäcke schiessen, die von Kleinflugzeugen des Typs C-36 gezogen wurden. Um die Piloten nicht zu gefährden, zielten wir mittels grosser Spiegel auf den gegenüberliegenden gesperrten Sektor des Luftraums. Die Ingenieure berechneten aus den erhobenen Daten, ob und was wir getroffen hatten. Es war eine Art Knabenschiessen auf der Kanone, denn inzwischen hätten feindliche Flugzeuge mit ganz anderer Geschwindigkeit angegriffen als die C-36 aus dem Jahre 1939.

Misstrauisch wird Ingenieur von Ah erstmals zu Beginn der siebziger Jahre, als ihm Geschäftsführer Nyberg («Ball») einen gestanzten Lochstreifen abnimmt. Erst viel später merkt er, dass es sich um einen Schlüsselgenerator handelt. Später erhalten sie dann die Blockschaltbilder der Algorithmen von aussen, beispielsweise von SIEMENS, die das genau gleiche Teil für die NATO-Staaten baut. Die CRYPTO-Ingenieure sollen damit die Geräte für Kunden ausserhalb der NATO bauen.

Während einer Sitzung bei TELEFUNKEN liefern die anwesenden NATO-Ingenieure den Schweizer Ingenieuren unfreiwillig den Hinweis auf die Hintertüre: «Sie verlangten eine verteilte Synchronisierung», erzählt von Ah, «dabei wird der Zählerstand der Schlüsselräder regelmässig in beide Richtungen in den Datenstrom eingefügt. Die NATO-Ingenieure legten Wert darauf, dass stets beide Synchronisationen in Betrieb sein müssen. Wir fragten warum und sie begründeten dies damit, dass so die eine Richtung synchronisiert bliebe, wenn die andere gestört war. Das war so absurd, wie wenn heute zwei am Handy miteinander kommunizieren und der eine Wert darauf legt, weiterzusprechen, obwohl die Verbindung unterbrochen ist.»

Entwicklungsingenieur Jürg Spörndli schildert sein Erweckungserlebnis so: «Nach etwa drei Monaten sagte einer in der Kaffeepause unseres kleinen Teams über ein Gerät, das nicht exportiert werden durfte: ‹Wahrscheinlich ist der Algorithmus zu gut …› Ich machte grosse Augen und grosse Ohren. Darauf wurde mir beschieden: Wir müssen schauen, wir dürfen nicht allzu gute Algorithmen herausgeben, sonst wird uns auf die Finger geklopft.»

Zusammen mit der Ingenieurin Caflisch entwickelt Spörndli in den achtziger Jahren eine bessere Alternative zur Verschlüsselung eines Funkgeräts, die danach in fünfzig Geräte eingebaut wird. Diese Geräte sind zu gut für den Export, die Firma verkauft sie an die Polizei und Banken hier und produziert die Geräte für den Export nach dem alten Schema weiter. «Ich habe dann entschieden, mich vom Alltagsgeschäft der Krypto-Algorithmen abzuschotten», sagt Caflisch, «dies war ja eigentlich auch die Meinung. Zudem war es auch nicht mein Auftrag.»

Früher oder später kommen fast alle Entwicklungsingenieure dem Geheimnis der Firma auf die Spur: Alle NATO-feindlichen Staaten werden systematisch hintergangen. In der Folge gibt es zwei Möglichkeiten: mitmachen oder mit den Vorgesetzten in Dauerclinch geraten. Die Ingenieurin Mengia Caflisch ist zu ambitioniert und zu integer, um unwidersprochen mitzumachen. Aber sie legt ihre Karten intern nicht auf den Tisch, und schon gar nicht macht sie ihr Wissen öffentlich: «Hätte ich Winkelried spielen müssen und alles offen zur Sprache bringen?», fragt sie sich heute. «Und erst dann gehen, wenn es keine befriedigenden Antworten gegeben hätte? Es ist schmerzlich, sich einzugestehen, dass man so etwas mit sich hat machen lassen und wichtige Berufsjahre auf so unschöne Weise verloren hat.» Gleichzeitig hat sie ein schlechtes Gewissen gegenüber den «hochkarätigen Burschen», die sie in ihrer Abteilung eingestellt hat: junge Ingenieure, die ihr Bestes geben. In zwei Fällen, in denen Mitarbeiter von ihr vor dem Aufstieg stehen, beharrt sie darauf, dass sie informiert werden.

Der eine «Bursche» kündigt danach. Der andere steigt auf in der Firma bis zum Geschäftsführer. Die Entwicklungsingenieurin sagt über ihn: «Unter den jungen Ingenieuren, die ich angestellt habe, war der spätere Geschäftsführer Armin Huber. Er war mein bester Mitarbeiter. Ich bin konzeptuell ziemlich stark, er hat die Konzepte jeweils sehr schnell verfeinert und als Prototyp umgesetzt. Er war ein ernsthafter Mensch mit schneller Auffassung, integer, ich schätzte ihn auch als Menschen sehr. Zwar hatte er eine militärische Seite, die mir etwas fremd war, aber zugleich einen feinen Humor, brachte gute Resultate und hatte die Gabe, andere dafür zu interessieren. Es war ziemlich klar, dass er irgendwann vor dem Entscheid stehen würde, aufzusteigen oder die Firma zu verlassen. Als ich wusste, dass er demnächst vor dieser Entscheidung stehen würde, bat ich die Schlüsselstelle, ihn über den Hintergrund der Firma zu informieren. Er sollte in Kenntnis dieses Hintergrunds entscheiden, ob er den Job übernehmen wolle. Ich habe meinen Mitarbeiter auf dieses Gespräch eingestimmt und ihn für die Details weitergeschickt.»

Armin Huber bleibt in der Firma und wird 1997 zum ersten Schweizer Geschäftsleiter. Der deutsche Bundesnachrichtendienst ist vier Jahre zuvor aus der Firma ausgestiegen und hat der CIA empfohlen, die Schweiz in die operative Führung einzubeziehen. Huber hat gegenüber seinem Vorgänger Michael Grupe zwei Vorteile: Er ist als Ingenieur technisch kompetent und steht als Schweizer nicht im Verdacht, «fremden» Interessen zu dienen.

Ich erinnere mich an einen Anlass mit ihm 1994 in Zug, als mein Buch über den Fall Bühler öffentlich diskutiert wird. Huber ist damals Vizedirektor und weist den darin beschriebenen nachrichtendienstlichen Hintergrund der Firma so vehement und entrüstet zurück, dass ich ins Zweifeln komme, ob ich nicht einer Verschwörungstheorie aufgesessen ist. Ich traue diesem Mann das Lügen schlicht nicht zu und weiss heute, dass er den wahren Besitzer der Firma damals nicht kannte. Als ihn das deutsche Fernsehen einige Jahre später in einem Interview erneut auf den nachrichtendienstlichen Hintergrund der Firma anspricht und dabei von der vereinbarten Fragestellung abweicht, ist er sprachlos und bittet die Journalisten, die Kamera abzustellen.

Armin Huber bleibt knapp fünf Jahre lang Geschäftsführer der Firma. Im November 2001 muss er auf Geheiss des Verwaltungsrates seinen Rücktritt einreichen: Huber ist angesichts der sich häufenden negativen Berichterstattung über die Firma misstrauisch geworden und beauftragt eine Sicherheitsfirma, den Eigentümer der Firma zu ermitteln. Das ist aus Sicht der CIA ein Entlassungsgrund. Hubers erzwungene Kündigung nimmt der ehemalige Zuger Stadtpräsident Hegglin in seiner letzten Amtshandlung als Verwaltungsratspräsident entgegen.

Nach Hubers und Hegglins Abgang führen Georg Stucky als Präsident des Verwaltungsrats und Giuliano Otth als neuer Geschäftsführer die Firma. Otth, nach einer Neustrukturierung CEO genannt, bleibt bis zum Verkauf 2018 und wird danach Mitbesitzer der Schweizer Nachfolgefirma CRYPTO AG, als Kaderangestellte den Schweizer Teil der Firma nach dem Ausstieg der CIA übernehmen. Sie benennt sich 2019 unverfänglich um zu CY ONE SECURITY. Einer seiner Partner wird der letzte Chefkryptologe der Firma, Markus Stadler, ein ausgebildeter ETH-Informatiker. Ob die beiden wie ihre Vorgänger ins Geheimnis ihrer Firma eingeweiht sind, ist unbekannt – sie ducken sich vor Medienanfragen weg.

So bleiben die letzten öffentlichen Worte des Kryptologen Stadler in Erinnerung, die er im Alumni-Magazin Nr. 291/2003 der EIDGENÖSSISCHEN TECHNISCHEN HOCHSCHULE (ETH) zum beharrlichen Verdacht gegen seine Firma äussert, unsicheres Gerät verkauft zu haben. Titel «Etwas Paranoia ist durchaus nützlich». Zitat: «Wenn an der Geschichte etwas dran wäre, hätten unsere Kunden ihr Vertrauen verloren und die Konkurrenz uns schon lange aus dem Markt gedrängt. Doch heute sind wir weltweit führend bei den Chiffriergeräten für Regierungsstellen und Militärs. Zudem können unsere Kunden überprüfen, dass die Geräte korrekt arbeiten.»

Das erzählt Sankt Nikolaus am legendären Chlausabend in der Firmenkantine der CRYPTO nicht besser. Lehrlingschef Hans Stadlin schlüpft da jeweils in die Sankt-Nikolaus-Kutte und übergibt allen Anwesenden Geschenke, die er mit seinen Lehrlingen gebastelt hat. Der Ingenieurin Caflisch schenkt der Nikolaus einmal einen grossen Bleistift, weil sie stets mit dem Bleistift im Ohr herumläuft und dabei nach einem Bleistift sucht. «Es gab von unten nach oben eben auch eine sehr liebenswürdige Seite in dieser Firma», erinnert sie sich, «die Leute schauten gegenseitig füreinander, vielleicht typisch innerschweizerisch. Aber es gab auch die andere Firmenkultur von oben nach unten: gerade dasitzen, alles besser wissen, einander anschreien. Vielleicht die SIEMENS-Kultur. Von dort kam 1984 dieser neue Entwicklungschef, den die CIA ‹Alter› nannte. Er hat bei uns Angepasste gezielt gefördert und andere bekämpft, die weniger angepasst waren. Mich nannte er mal in Anspielung auf die Ehringer Kuhkälber einen kleinen schwarzen Teufel.»

06

Der Teufelsberg

Auf dem Teufelsberg in Berlin treffen sich an einem Wochenende im September, kurz vor der Jahrtausendwende, 150 Veteranen der Geheimdienste, Historiker, Politiker und ausgewählte Medienvertreter. Es sind warme Herbsttage, die Gäste im ehemaligen Abhörzentrum auf dem aufgeschütteten Hügel im Ortsteil Grunewald wären wohl lieber draussen. Aber die grossen hellen Räume im Essraum des ehemaligen Abhörgebäudes beeindrucken sie, der Turm mit der Kuppel ist ein Monument der Moderne und des Kalten Krieges zugleich. Nicht wenige der Gäste sind gekommen, um diese historische Stätte endlich persönlich zu sehen.

Die Stimmung ist gut, die Besetzung der Podien hochkarätig, auch der Vordenker der deutschen Einheit, Ex-Minister Egon Bahr, wird erwartet. Der US-Botschafter in Berlin eröffnet die Tagung in aufgeräumter Stimmung, es ist die erste öffentliche Konferenz unter der Schirmherrschaft der CIA auf ausländischem Boden. Co-Gastgeber ist das Berliner Alliiertenmuseum, die Investorengruppe Teufelsberg sponsert den Anlass. Thema ist die Arbeit der westlichen Nachrichtendienste hier an der Frontlinie des Kalten Kriegs ab 1945 bis zum Bau der Berliner Mauer 1961.

Die Zeit nach dem Einmarsch der US-Armee im Juli 1945, begleitet von OSS-Chef Allen Dulles, der den US-Nachrichtendienst zuvor aus Bern leitete, ist für die CIA-Veteranen unvergessen. 500 000 russische Soldaten sind in Deutschland stationiert, Berlin ist in verschiedene Sektoren aufgeteilt, sechs Millionen Vertriebene sind auf dem Weg in den Westen. Im kriegszerstörten Berlin gibt es mehr als 53 000 Waisen. Und zahlreiche heimatlos gewordene Agenten suchen auf beiden Seiten neue Auftraggeber und werden – oft auch unfreiwillig – neu eingeteilt. Noch im Juni 1946 werden in Berlin über 300 Personen gekidnappt, die meisten von ihnen in der russischen Zone.

Ich verdanke die Beschreibung dieses Anlasses dem Organisator Donald P. Steury. Ich war nicht dabei, bin zu jener Zeit Redaktor der WELTWOCHE. Kurz danach schickt mir der BND einen Spitzel ins Büro. Manfred S., Deckname «Camus», soll meine Verbindungen zu Widerstandsgruppen klären und reist am nächsten Tag mit seiner Partnerin weiter nach Zug, um sich im dortigen Dokumentationszentrum kundig zu machen. Sein Hauptinteresse gilt den Aktionen gegen die Umweltsünden des Erdölmultis SHELL, speziell von GREENPEACE. Gutgläubig lasse ich die beiden bei mir übernachten. Dass «Camus» als Spitzel enttarnt wird, ist einem Zufall zu verdanken: Nach einem Paarstreit findet seine Freundin auf seinem Computer seine detaillierten Berichte an den deutschen Verfassungsschutz.

Es ist nicht das erste Mal, dass ich mit Spionage konfrontiert werde. Ende der siebziger Jahre schleust der private Zürcher Staatsschützer Ernst Cincera einen seiner Spitzel in unsere Arbeitsgruppe «Schule» im Demokratischen Manifest ein. Wir informieren zusammen Passanten am Zürcher Limmatquai über die Berufsverbote gegen Linke im Erziehungswesen – der Kollege fällt einzig dadurch auf, dass er gegenüber Passanten etwas gehemmt ist. 1980 infiltrieren zwei Agenten des städtischen und kantonalen Nachrichtendienstes die autonome Zürcher Bewegung unter falschen Identitäten, sie werden Jahre später enttarnt und einer von ihnen ist heute gegenüber seiner damaligen Tätigkeit selbstkritisch.

In den achtziger Jahren wird unsere Zürcher Hausgemeinschaft aus einem gegenüberliegenden «Horst» der Stadtpolizei während Monaten überwacht. Der Hauptbeteiligte, ein umgeschulter Metzger, macht seine Langeweile in diesem Job zum Thema in einer späteren Therapie. In Kenntnis der heutigen technologischen Möglichkeiten der Überwachung, beispielsweise einer NSA, sind dies schon beinahe rührende Geschichten aus der Steinzeit physischer Überwachung.

Die NSA hat dem ehemaligen deutschen Geheimdienstkoordinator Bernd Schmidbauer in der Abhörbasis des US-Nachrichtendienstes in Bad Aibling bei Rosenheim einst Live-Bilder von Truppenübungen im Irak gezeigt. Wäre der deutsche Nachrichtendienst in der Folge nicht an Bad Aibling beteiligt worden, hätte Schmidbauer diese Abhörbasis geschlossen.

Die CIA-Vorgängerorganisation OSS hat in der Nachkriegszeit mitgeholfen, aus der Organisation Gehlen den deutschen Nachrichtendienst aufzubauen. Schlüsselfigur ist Reinhard Gehlen, der ehemalige Chef der Abteilung Fremde Heere Ost in der deutschen Reichsarmee. Keiner weiss mehr über die russische Armee als er und Gehlen nutzt sein Wissen, um eine Leitungsfunktion unter neuer Identität beim Aufbau der westdeutschen Nachrichtendienste unter der US-Schirmherrschaft zu bekommen. Gehlen hat früh auch einen Draht in die Schweiz: 1951 stellt er sich mit Einverständnis der CIA unter dem Decknamen «Dr. Robert Gontard» der Schweizer Bundespolizei in Bern vor.

Die Podien auf dem Teufelsberg gehen den grossen Herausforderungen der Geheimdienste in dieser Zeit nach: Die Berlin-Blockade 1948, mit der die Sowjets die westlichen Truppen zum Abzug aus der Stadt zwingen wollen. Die Luftbrücke der Alliierten als Antwort. Die Entstehung neuer Spionagetechniken ohne Spione. Der Tunnelbau der CIA und des britischen Geheimdiensts MI-6 in den Osten Berlins, um die Telefonleitungen der DDR-Post anzuzapfen. Die Gegenstrategie von KGB und Stasi, die von einem eigenen Spion in der CIA früh vom Tunnel Kenntnis haben, sich elf Monate nichts anmerken lassen und nur belanglose Meldungen übers Telefon weitergeben. Als der Tunnel nach einer Regennacht 1956 nicht mehr zu verbergen ist, reagiert die Sowjetunion mit gespielter Empörung.

Der spätere CRYPTO-Geschäftsleiter Michael Grupe wächst in jener Zeit im französischen Sektor Westberlins auf. Er hat heute noch die gewaltige Detonation kurz vor Weihnachten 1948 im Ohr, als er in der Schule sass. Die Franzosen sprengen am benachbarten Flughafen Tegel zwei Sendemasten eines sowjetischen Radiosenders, um die Flugsicherheit zu erhöhen. Und natürlich erinnert er sich auch an die Luftbrücke der Alliierten während der Berlin-Blockade durch die sowjetischen Truppen: «Wir Schüler waren damals alle Fans der USA.»

Ich wachse in den fünfziger Jahren wohlbehütet am Zürichberg auf, der Kalte Krieg ist auch in unseren Köpfen allgegenwärtig. Die Geschichte der ungarischen Nachbarin in der Wohnung nebenan bleibt uns Kindern zunächst noch fremd. Erstmals ahnen wir, was Geheimdienste sind, als die französische OAS einen Freund meines Vaters nachts vor seiner Garage an der Weinbergstrasse erschiesst und als Warnung eine rote Hand auf seinem Garagentor hinterlässt. Der Zürcher Anwalt soll Waffen an die algerische Befreiungsfront FLN vermittelt haben, diesen Hinweis haben die französischen Geheimdienste von der Schweizer Bundesanwaltschaft erhalten.

Bei den grossen historischen Ereignissen der sechziger Jahre sind unsere Sympathien klar verteilt: Wir unterstützen John F. Kennedy im Wahlkampf gegen Nixon und trauern nach seiner Ermordung mit Jackie Kennedy. Wir fiebern mit den Israelis im Sechstagekrieg von 1967 und schwenken tschechische Wimpel nach dem Einmarsch der Russen in Prag. Wir misstrauen dem ägyptischen Waffenhändler von gegenüber, der sein Haus von Hunden bewachen lässt.

Erst ab meinem 17. Geburtstag 1968 sind die Sympathien nicht mehr so klar verteilt. In meiner Abschlussarbeit im Studium setze ich mich mit der Ölpolitik der Nahoststaaten auseinander – die jahrzehntelange Aufteilung dieser Region unter den grossen Ölkonzernen ist eine beispielhafte Geschichte des Kolonialismus. Georg Stucky ist als Geschäftsführer der Erdölvereinigung ein freundlicher und zugleich unverbindlicher Gesprächspartner zu diesem Thema. Dass er selber für die Texaco in Libyen tätig war, ist nicht Thema.

Nach dem Abschluss des Studiums haben es Linke in jener Zeit schwierig. Private Nachrichtendienste wie jener des Zürcher Graphikers und Staatsschützers Ernst Cincera sammeln Material und informieren die Arbeitgeber. Die siebziger Jahre werden auch in der Schweiz zu einer Ära der Berufsverbote und der politischen Entlassungen. Ich verliere meinen ersten Job als Pressechef im GOTTLIEB DUTTWEILER-INSTITUT 1979 auf Intervention von Ernst Cincera und muss meinen Schreibtisch innerhalb von einer Stunde räumen.

In der Folge versuche ich mich als freier Journalist. Einfach ist es nicht – ich gelte als Subversiver, die Welt ist während des Kalten Kriegs zweigeteilt. Erst nach dem Mauerfall von 1989 ändert sich die Stimmung – ich darf plötzlich für alle Medien schreiben. Und dem BND-Spion Manfred S. verdanke ich, dass ich seit seinem Bericht keine Schwierigkeiten mehr bei der Einreise nach Deutschland habe – er muss mich als Leiter des Wirtschaftsressorts der WELTWOCHE als staatstreu eingeschätzt haben.

An der Teufelsberg-Tagung in Berlin von 1999 nehmen auch ehemalige sowjetische Agenten teil, sie gelten um die Jahrtausendwende nicht mehr als Feinde. Am Freitagabend führt die Investorengruppe die Tagungsgäste durch das Teufelsberg-Areal. Die Gruppe erhofft sich dadurch das Wohlwollen dieser namhaften Experten und Mund-zu-Mund-Propaganda für ihr Projekt, die historische Stätte dereinst zu einem Tagungszentrum umzubauen.

Am Samstagnachmittag besichtigen die Tagungsgäste das Alliiertenmuseum, wo Geheimdienstveteranen in ihren Erinnerungen schwelgen, auch ein Abschnitt des Tunnels ist nachgebildet. Ich stelle mir die Stimmung ähnlich vor wie an einem Klassentreffen.

Am Abend dann tauschen die Veteranen weitere Erinnerungen im engeren Kreis aus. Jetzt zeigt sich, dass die Jahre bis zum Bau der Mauer im kriegszerstörten Berlin zwar hart, spannend und abenteuerlich waren, dass es aber ein Jahrzehnt später 700 Kilometer südwestlich in der beschaulichen Innerschweiz ein noch spannenderes Programm gibt: die Firma CRYPTO oder wie sie in diesem Kreis genannt wird: «Minerva».

Ihr verdankten die CIA, der BND und die mit der elektronischen Überwachung betraute NSA ihre grössten Erfolge. Rund 40 Prozent aller entschlüsselten Nachrichten der USA, 90 Prozent der Geheimberichte an die deutschen Botschaften basieren auf dem Minerva-Projekt. Der CIA-Historiker Richard S., der während über zehn Jahren in diesem Programm als Agent in Pullach und damit als Scharnier zum BND tätig war, nimmt dafür einen neuen Namen an, lässt sich im Raum München nieder und vermittelt zwischen den Geheimdiensten so gut es geht, weil er beide Mentalitäten kennt.

Diese Geschichte der CRYPTO will Richard S. schreiben! Daraus liesse sich etwas lernen. Ein ehemaliger Offizier der US-Airforce, spezialisiert auf die Geschichte der Kryptologie in der NSA, wird als Experte für Technologie zur Mitarbeit gewonnen. Für die Archivarbeit und die Interviews mit Zeitzeugen braucht es die Genehmigung von oben.

Laut dem deutschen Geheimdienstexperten Erich Schmidt-Eenboom gibt der Leiter des Minerva-Programms in der CIA diese Genehmigung in der Folge höchstpersönlich. Die beiden Autoren sichten die internen Akten beider Geheimdienste und befragen einst involvierte Agenten und Experten. Zu ihrer Forschungsfreiheit trägt die Euphorie vor der Jahrhundertwende bei: Der Kalte Krieg ist entschieden, die Berliner Mauer seit zehn Jahren

Geschichte, einzelne Historiker vermuten gar das Ende der Geschichte. Ausserdem ist die Verschlüsselung inzwischen durch die Entwicklung der Software zu einer erschwinglichen Commodity geworden. Das Minerva-Programm wird in zwei Teilen dokumentiert: Ein erster Teil zeigt die Zeit bis zum Ausstieg der Deutschen, ein zweiter jene unter US-Führung allein.

Vom ersten Teil geht 2004 eine Kopie an den deutschen Bundesnachrichtendienst: «*Minerva – A History*». Zum internen Gebrauch. Der damalige BND-Präsident gibt danach Co-Berichte bei seinen Veteranen in Auftrag. Als der freie Kölner Journalist Peter F. Müller vierzehn Jahre später dem Thema im Auftrag des ZDF nachgeht, spielen ihm BND-Veteranen eine Kopie dieser Berichte zu. Die Medien sollen nach all den Skandalen um Abhöraffären und Dauerüberwachung endlich mal eine positive Geschichte über die Nachrichtendienste zu erzählen haben.

Bernd Schmidbauer bestätigt das Programm. Schmidbauer ist nicht irgendwer. Er ist von 1991 bis 1998 Staatsminister im Kanzleramt unter Helmut Kohl. Der Wirbel nach der Verhaftung und Rückkehr des CRYPTO-Verkaufsingenieurs Hans Bühler lässt ihn befürchten, dass das Programm jederzeit auffliegen kann: «Kaum war Bühler in Zürich, hat er geplaudert», sagt er. Dabei hat Schmidbauer Bühlers Freilassung in den Verhandlungen mit den Iranern persönlich erwirkt. Er ist daran, mit den Iranern über die Freilassung zweier inhaftierter Deutscher in Teheran zu verhandeln, einen Gefangenenaustausch von Hisbollah-Kämpfern und Gewissheit über das Schicksal eines verschollenen israelischen Piloten im Südlibanon, als der Schweizer Partnerdienst auf ihn zukommt. Bei einem Treffen in Zürich hört er, dass auch ein CRYPTO-Verkaufsingenieur seit Monaten im Iran inhaftiert ist. Seine Haft wird in der Schweiz aufmerksam verfolgt und droht auf Dauer das Minerva-Programm von CIA und BND zu gefährden. Schmidbauer bringt Bühlers Haft nur beiläufig in die Verhandlungen mit den Iranern ein, damit diese nicht merken, dass den Geheimdiensten viel an der Freilassung des CRYPTO-Verkaufsingenieurs liegt. Schliesslich bekommt er ihn im Rahmen einer Paketlösung gegen eine Zahlung von einer Million Dollar frei. «Bühler hätte sich nach seiner Rückkehr an uns wenden sollen, statt zu reden», sagt er im Rückblick, «wir hätten ihn gesichert.»

Kanzler Kohl soll laut dem CIA-Bericht über das Minerva-Programm nicht informiert gewesen sein, solange der BND darin engagiert war. Wie für solche Programme üblich, hat man die Information eine Hierarchiestufe vor seinem Büro gestoppt. So kann Kohl notfalls dementieren, davon gewusst zu haben, und der Prozess zur deutschen Einigung wäre unter seiner Führung nicht belastet worden. Beim Ausstieg des BND aus dem gemeinsamen Projekt hat Schmidbauer aber die Zustimmung Kohls eingeholt.

Schmidbauer wählt gegenüber ZDF und SRF grosse Worte: «Dieses Projekt hat dazu beigetragen, dass die Welt ein Stück sicherer geblieben ist.» Der damalige CRYPTO-Geschäftsführer Grupe schliesst sich dieser Einschätzung vorbehaltlos an.

07

Eine Verhaftung

Mitte März 1992 wird der CRYPTO-Verkaufsingenieur Hans Bühler in Teheran verhaftet, zwei Tage vor seiner geplanten Rückreise in die Schweiz. Daraus wird eine Affäre, der die CIA den Decknamen «Hydra» geben wird. Die Partnerdienste CIA und BND sehen sich in der Rolle des griechischen Helden Herakles im Kampf mit einem Ungeheuer.

Im CIA-Bericht steht: *In den achtziger Jahren segelte das Programm in vergleichsweise ruhigen Gewässern. Aber Anfang 1992 herrschte plötzlich Beunruhigung. Die Hydra-Affäre veränderte die Landschaft und machte die erste Hälfte der neunziger Jahre zu einer Zeit der Turbulenzen. Das kam so: Der Iran war einer der besten Kunden der* CRYPTO. *Die Regierung des Schahs hatte stets* CRYPTO-*Ausrüstung gekauft. Aber auch das Khomeini-*

Regime, ab 1979 an der Macht, kaufte weiterhin CRYPTO*-Geräte. Die Zeiten waren unsicher in Teheran seit der Revolution, aber die* CRYPTO*-Verkäufer operierten weiterhin dort und hatten mit den verschiedensten Amtsstellen des neuen islamischen Regimes zu tun. Hans Buehler war ihr häufigster Besucher.*

Buehler, 51, war einer der aufsteigenden Stars der CRYPTO AG*. X. zählte ihn zu den besten zehn Prozent. Als Verkäufer bearbeitete er normalerweise den Iran und andere Staaten des westlichen Asiens. Seine Reisen nach dem Iran verliefen nicht ohne Zwischenfälle. Iranische Beamte befragten ihn manchmal über ihren Verdacht, dass die Belieferung von* CRYPTO*-Geräten in andere Länder durch die* USA *instrumentalisiert war. Speziell nervend war dies bei seinem Besuch in Teheran 1986 nach dem Anschlag auf die Berliner Disco «La Belle». Die iranischen Beamten stellten Buehler unangenehme Fragen.*

Aber Geschäft war immer noch Geschäft, und am 14. März 1992 bestieg Hans Buehler einen SWISSAIR*-Flug nach Teheran. Zuversichtlich hatte er den Rückflug nach Zürich gebucht, mit Abflug in Teheran am 20. März.*

Bühlers Tochter Chris erinnert sich: «Wir hatten am Samstag Besuchstag in der Schule. Pa sollte am Morgen aus Teheran zurück sein, meine Mutter wartete auf ihn am Flughafen an der Scheibe vor den Gepäckbändern. Aber mein Vater tauchte nicht auf. Auch seine Koffer waren nicht auf dem Gepäckband, schliesslich drehte das Band leer. Sie kam um halb zwölf in die letzte Stunde. Ich sah gleich, dass etwas nicht stimmte, als sie mir nicht zulächelte, sondern ernst blieb und sich auf einen Stuhl am Rande setzte. Hatte Pa vergessen, dass er versprochen hatte, an meinem Besuchstag zurück zu sein?»

Im CIA-Bericht heisst es: *Aber er kehrte nicht zurück. Als Buehler in Zürich nicht auftauchte, rief die Verkaufsabteilung der* CRYPTO *sein Hotel in Teheran an. Er hatte nicht ausgecheckt und es war unbekannt, wo er sich aufhielt. Die Firma nahm unverzüglich Kontakt mit dem Aussenminis-*

terium auf und Beamte der Schweizer Botschaft in Teheran begannen mit Nachforschungen.

Am 31. März informierten die Schweizer Beamten die CRYPTO, *dass Bühler im Gefängnis sass. Er war am 18. März zusammen mit dem lokalen Firmenvertreter, dessen Schwager und einem namentlich nicht bekannten iranischen Militäroffizier verhaftet worden. Sie waren während einem Treffen in der Wohnung des Schwagers festgenommen worden. Die Iraner beschuldigten Buehler, dass er ein Spion sei, Bestechungsgelder an Armeeoffiziere bezahlt, illegale Kontakte zum Militär gepflegt und Alkohol konsumiert habe.*

Bühlers Tochter sagt: «Man liess uns drei Wochen im Ungewissen, warum Pa nicht zurückgekehrt war und wo er sich aufhielt. Meine Mutter telefonierte täglich mit der Firma und ins Aussenministerium, aber angeblich wusste niemand etwas. Erst im April sagte man uns, dass mein Vater verhaftet worden sei. Was ihm vorgeworfen würde, wusste man nicht – die Sache würde sich wohl rasch regeln.»

Im CIA-Bericht heisst es: *Niemand bekam Buehler zu Gesicht bis zum 20. April, als Schweizer Konsularbeamte begannen, durch unregelmässige Besuche sein Befinden zu überprüfen und sich nach seiner Freilassung zu erkunden. Er war psychisch in schlechter Verfassung, aber hielt physisch durch. Ende Juli war schon vorbei und noch immer wurden keine konkreten Beschuldigungen gegen ihn erhoben.*

Warum hatten ihn die Iraner verhaftet? Sie bezeichneten ihn als «Pseudogeschäftsmann», der als Spion für die Schweiz agieren könnte. Am Firmensitz in Zug und an unserem Hauptsitz in Langley liess dies vermuten, dass sie gewisse Informationen hatten, wonach CRYPTO-*Geräte anfällig waren für Angriffe durch ausländische Nachrichtendienste.*

Sie waren fast sicher auf einer falschen Spur. Buehlers Verhaftung hatte wahrscheinlich mit einer ganz anderen Angelegenheit zu tun. Die Schweiz hatte kurz zuvor einen Iraner namens Zeynal Abedin Sarhadi verhaftet und beschuldigte ihn, an der Ermordung von Schapur Bachtiar beteiligt gewesen zu sein. Der ehemalige iranische Ministerpräsident war in Frankreich ermordet worden, und die Franzosen verlangten Sarhadis Auslieferung. Die amerikanische Botschaft in Bern glaubte, dass die Iraner einen Schweizer Bürger als Geisel genommen hatten, um zu verhindern, dass Sarhadi nach Frankreich ausgeliefert würde.

Zeynal Abedin Sarhadi ist zu jener Zeit ein einfacher Angestellter an der iranischen Botschaft in Bern. Sein Pech ist, dass zwei der Täter im Mordfall Bachtiar auf ihrer Flucht in die Schweiz mit ihm Kontakt aufnehmen. Sie sind auf der Bahnreise nach Genf versehentlich eine Station zu früh ausgestiegen und damit noch auf französischem Boden. In einer öffentlichen Telefonzelle haben sie Sarhadi kontaktiert und dabei ein Notizheft mit Telefonnummern liegen gelassen. Deshalb verdächtigen die Ermittler den Berner Botschaftsangestellten der Unterstützung der Attentäter und verhaften ihn kurz vor Weihnachten 1991. Aufgrund seiner Verwandtschaft mit dem damaligen Staatspräsidenten Ali Akbar Rafsanjani empfindet der Iran Sarhadis Verhaftung als Provokation. Der Iran sucht nach einem Faustpfand.

Der Schweizer Verkaufsingenieur wird im Februar dringlich in den Iran bestellt. Eine iranische Handelsfirma in Hamburg hat die CRYPTO im Februar informiert, dass die Polizei in Teheran für den Schutz einer wichtigen Konferenz zweihundert verschlüsselte Handfunkgeräte brauche. Für einmal kommt das Visum aus der Botschaft postwendend, Bühlers geschätzte 25. Einreise in den Iran erweist sich als so unkompliziert wie nie.

In diesen Tagen und Wochen, welch weitere Ironie der Geschichte, ist auch der Innerschweizer Kanton Zug daran, verschlüsselte Polizeifunkgeräte anzuschaffen. In der Ausschreibung konkurrenziert ein Schweizer ASCOM/CRYPTO-Produkt jenes des US-Konzerns MOTOROLA, das eine Million Franken billiger ist. Der ehemalige Zuger Stadtpräsident Walther A. Hegglin, damals Präsident des CRYPTO-Verwaltungsrates, weibelt für ASCOM/CRYPTO als Lieferanten – beim MOTOROLA-Angebot würden die Amerikaner mithören, sagt er. Womöglich hätte er sich mit diesem Argument sogar durchgesetzt, hätte Bühlers Verhaftung nicht gleichzeitig ein schräges Licht auf seine Firma geworfen. Zug entscheidet sich für MOTOROLA und spart eine Million Franken.

Im CIA-Bericht heisst es: *Buehler konnte für fast alles in Haft genommen worden sein. Die iranischen Behörden befragten ihn später über Zahlungen an iranische Studenten, die Kurse in Kryptografie in Zug besucht hatten, in der Vermutung, dass dies keine echten Ausgaben waren, sondern Bestechungsgelder. Gerüchte besagten auch, dass er Waren in den Iran geschmuggelt hatte. Einige glaubten, dass er von den iranischen Gastgebern beschuldigt wurde, weil das Treffen in einer Privatwohnung statt in einem Regierungsbüro stattfand (ein Anzeichen für ein konspiratives Treffen) und für diese Gelegenheit Alkohol zur Verfügung stand. Sein Hauptkontakt im Iran, Salimi N., galt als zwielichtiger Charakter, dem niemand in der CRYPTO richtig über den Weg traute.*

Als sich Salimi N. im Verlauf der Sommers anerbot, Buehlers Freilassung aus dem Gefängnis gegen eine Zahlung von 1,5 Millionen Dollar an die iranische Regierung zu vermitteln, glaubten viele diese Story nicht richtig und fragten sich, wie viel er in den eigenen Sack stecken würde.

Zu Hause trat Buehlers Lebenspartnerin Verena Blumer ins Schlachtgetümmel ein. Sie traute der CRYPTO nicht und engagierte einen Anwalt, um Buehler vor seiner eigenen Firma zu «schützen». Sie war felsenfest davon überzeugt, dass sich Geschäftsleiter Michael Grupe nicht genügend dafür einsetzte, seinen Verkäufer aus dem Iran zu holen. Sie brachte Buehler dazu, dies auch zu glauben. (Es gibt absolut keine Beweise, die ihre Sichtweise stützen, denn vieles spricht dafür, dass die Firma alles getan hat, um Buehler aus dem Gefängnis zu holen.)

Bühlers Tochter sagt: «Meine Mutter war in der Tat überzeugt, dass sich die Firma nur halbherzig für Pas Freilassung einsetzte. Im Mai war klar, dass er gegen Zahlung einer Kaution freikommen könnte. Wir haben das nur erfahren, weil die Firma von meiner

Mutter einen Steuerausweis verlangte. Im Nachhinein waren wir überzeugt, dass sie prüfen wollten, ob wir genügend Geld hätten, um die Kaution aufzubringen. Das sagte man uns aber nicht. Hätten wir es gewusst, hätten wir selbstverständlich versucht, zusammen mit Freunden und Bekannten das Geld aufzutreiben. Meinem Vater wären weitere sieben Monate in der engen Zelle im Teheraner Militärgefängnis erspart geblieben, die Schreie von Mitgefangenen unter Folter in den Nachbarzellen, die Isolation von allen Kontakten gegen aussen. Wir wussten, dass er psychisch enorm unter der Situation litt und jeden Tag zusammenbrechen konnte.»

Der iranische Staatsanwalt kommt nach zwei Monaten zur Überzeugung, dass der Schweizer Häftling 01228/1 im Militärgefängnis von Teheran nichts weiss, was für den Iran von Nutzen sein kann. Bis zu dieser Einsicht ist Bühler während sieben Wochen einer brutalen Tortur ausgesetzt, wie sie für Gefangene mit vermutetem politischem Hintergrund in diesem Staat üblich ist: insgesamt vierhundert Stunden Verhör zum Thema Spionage, teilweise bis tief in die Nacht hinein, ein paar wenige Stunden zum Thema Bestechung (die CRYPTO zahlte Iranern während der Kurse in Steinhausen Tagesspesen) und ein paar wenige Minuten zum Thema Alkohol (in der Cola, die der iranische Gastgeber anbot, war selbstgebrannter Wodka).

Bühler hört die Schreie von gefolterten Mitgefangenen im Nebenraum, er hört die Schüsse, wenn sie Gefangene im Hof exekutieren. Während eines Verhörs wird er auf ein Folterbett gefesselt, aber Bühler kann nichts gestehen, weil er nichts weiss. «Hans hat oft gesagt, er wolle nichts Genaueres über die Geräte wissen – das sei sein Schutz», sagt ein Kollege, der mit ihm oft zusammen auf Reise war.

Bühler muss bis Anfang Juni am Boden schlafen und friert erbärmlich, sein Magen kann zeitweilig kein Essen mehr aufnehmen, er fühlt sich elend. Dazu kommt die Ungewissheit, wie lange sie ihn in dieser Zelle vegetieren lassen. Ein Vierteljahrhundert später wird Hans Bühler, als er bereits schwer von einer Krebserkrankung gezeichnet ist, beim Abschiedsbesuch eines Funkerfreunds sagen: «Du kannst dir gar nicht vorstellen, was ich durchgemacht habe.»

Ende Mai braucht der Iran kein Faustpfand mehr, der Berner Botschaftsangestellte Sarhadi ist von der Schweiz mit der Aussicht auf ein mildes Urteil nach Frankreich abgeschoben worden. Der Iran will Bühler jetzt loswerden, aber nicht ohne für seine Freilassung Geld zu erpressen. Eineinhalb Jahre später werden zwei der Haupttäter im Mordfall Bachtiar in Paris verurteilt. Sarhadi wird mangels Beweisen seiner Mittäterschaft freigesprochen, der Iran bleibt im Urteil unerwähnt.

Im September bietet sich der Schweizer CVP-Nationalrat Edgar Oehler an, mit einer Parlamentarierdelegation nach Teheran zu reisen. Oehler ist es zwei Jahre zuvor gelungen, auf einer Parlamentarierreise zu Saddam Hussein nach Bagdad Schweizer Geiseln heimzuholen. Zweimal trifft er den iranischen Botschafter in Bern, der Iran will seine Reise unterstützen. Der Besuch einer Schweizer Parlamentarierdelegation hätte eine diplomatische Aufwertung des Mullah-Regimes bedeutet, das in jener Zeit seine Oppositionellen auch im Ausland gnadenlos verfolgt und umbringt. Das Schweizer Aussendepartement lehnt Oehlers Reise ab, es will nicht Hand bieten zur diplomatischen Aufwertung des Iran. Auch die CRYPTO-Leitung ist dagegen, sie will jede politische Weiterung des Falles verhindern. Bühler komme ohnehin frei, sagt Vizedirektor Josef Schnetzer. Das ist richtig, aber die Firma weiss auch, dass dafür erst eine Million Dollar Lösegeld bezahlt werden muss. Oehler ist die Forderung nach Lösegeld nicht bekannt und er hätte auch nicht bezahlt, sagt er heute: «Ich habe stets nur meine Reisekosten bezahlt, aber darüber hinaus nichts.» Die CRYPTO hat nach Jahren sinkender Umsätze und Gewinne kaum mehr finanzielle Reserven und auch nicht die Kompetenz, eine Million Dollar ohne Zustimmung der Eigentümer auszugeben.

Im CIA-Bericht heisst es: *Am 8. September wurde Buehler informiert, dass er gegen Zahlung von einer Million Dollar das Gefängnis würde verlassen können. Die Iraner wollten Cash. Buehler hatte das Geld nicht – es war klar, dass die iranischen Behörden erwarteten, dass entweder die Firma oder die Schweizer Behörden die Kaution zahlten. Nach der Zahlung würde er frei sein, das Land zu verlassen; allerdings erwarteten die iranischen Behörden, dass er später für den Gerichtsprozess zurückkehren würde. Als Geschäftsleiter Grupe von der Forderung in dieser Höhe informiert wurde, lehnte er kategorisch ab und begann, den Preis herunterzuhandeln.*

Bühlers Tochter sagt: «Mein Vater war im Nachhinein überzeugt, dass ihn die Firma im Gefängnis verrotten lassen wollte. Im Gefängnis stand er noch hundertprozentig hinter seiner Firma und identifizierte sich mit ihr. Er war stolz, für die CRYPTO arbeiten zu dürfen, und überzeugt, dass ihre Geräte zu den technisch besten weltweit gehörten.»

Im CIA-Bericht heisst es: *Am 6. Oktober kam eine vorläufige Antwort. Die CIA neige dazu, der Firma zu erlauben, die verlangte Million zu zahlen. Es ging nur noch um die richtige Bezeichnung. Die CIA bevorzugte für die iranische Forderung den Begriff «Kaution» statt «Lösegeld». Aber die Angelegenheit warte noch auf eine definitive Entscheidung, das Justizdepartement habe darüber mit dem Weissen Haus gesprochen und dabei empfohlen, dass es autorisiert würde, die Hälfte der «Kaution» zu übernehmen, 500 000 Dollar.*

Am folgenden Tag jedoch wurde München informiert, dass das Weisse Haus die «Kautions»-Schlaumeierei zurückgewiesen habe. Die iranische Geldforderung sei klar Lösegeld und dürfe nicht bezahlt werden.

Nachdem X. über die amerikanische Haltung informiert wurde, entschied er, dass Deutschland notfalls auch allein vorwärtsmachen und die ganze Million bezahlen würde. Vielleicht könne man ja die Amerikaner später noch dazu bringen, ihren Anteil zu übernehmen. Und wenn nicht, sei die Angelegenheit zu wichtig, um Bühlers Freilassung an diesem seltsamen Verbot scheitern zu lassen. Deutschland kannte kein solches Verbot und würde tun, was es für nötig hielt.

Die Opposition der CIA gegen die Bezahlung der «Kaution» wurde mit der Zeit noch stärker. Jede Intervention der deutschen Regierung, so verdeckt sie auch war, drohte, die Beziehung der Nachrichtendienste zur CRYPTO offenzulegen. Es stellten sich Fragen, wie der Bundesnachrichtendienst die Geldinfusion für die CRYPTO waschen wollte und ob die Revisoren die Spur der Zahlung zu den Deutschen zurückverfolgen konnten. Diese Fragen wurden dringlicher, als der Herbst zum Winter wurde.

Schliesslich wurde das Geld doch bezahlt, die sichtbare Kette der Überweisung nahm in der CRYPTO ihren Anfang und das Geld ging über das Schweizer Aussenministerium an die iranische Regierung. Am 5. Oktober wurde Buehler von der iranischen Regierung formell angeklagt wegen nicht autorisierter Kontakte zu Militärpersonen, Erhalts von militärischen Informationen, Bestechung und illegalen Konsums von Alkohol. Am 28. Dezember wurde er verpflichtet, eine Vereinbarung mit der CRYPTO zu unterzeichnen, wonach er keine Geschäftsgeheimnisse der Firma mit den Medien diskutieren werde. Seine Entlassung stand bevor.

Die Anweisung zur Zahlung von einer Million Dollar unterzeichnet der Minister im Kanzleramt, Bernd Schmidbauer. Dabei kommt ihm entgegen, dass gegenüber dem Iran ohnehin eine Zahlung in dieser Höhe für die Lieferung von Hilfsgütern im irakischen Grenzgebiet fällig ist.

08

Hans Bühler kehrt heim

Im CIA-Bericht heisst es: *Hans Buehler kam am 5. Januar 1993 am Flughafen Zürich an. Das Gerichtsverfahren im Iran stand ihm noch bevor – die Iraner gingen davon aus, dass er sich später dem Gericht stellen würde und eine Verurteilung ausser Frage stehe. Damit war aber auch klar, dass er niemals in den Iran zurückkehren würde.*

Bühlers Tochter erinnert sich: «Bei seiner Rückkehr verdeckte die Euphorie, dass Pa von der neunmonatigen Haft stark gezeichnet war. Er hatte dreissig Kilogramm abgenommen, starke Zahnschmerzen und Kopfweh. Nachts konnte er nicht schlafen und redete stundenlang auf meine Mutter ein. Die ersten paar Nächte redete er meine Mutter tot. Mein Vater suchte auch ein wenig die Bewunderung, er erzählte wahnsinnig gern, ‹dozierte› auch ein bisschen. Wir haben ihn reden lassen, weil wir wussten, was er erlebt hat. Für ihn blieb es ein Dauerthema bis zu seinem Tod.

Wieder und wieder erzählt er dieselben Geschichten: Wie sie ihn morgens um vier zum Verhör geweckt hatten, nachdem sie ihn am Abend zuvor schon bis Mitternacht im grellen Licht haben sitzen lassen. Wie er die Arme stundenlang hochhalten musste. Wie sie ihn mit Knüppeln anstiessen, wenn er sie aus Erschöpfung sinken liess. Wie ihm der Verhörer die glühende Zigarette nahe an die Schläfe hielt (‹wir wissen, dass du lügst›) und ihm drohte, ein Auge auszubrennen. Wie er mit nacktem Oberkörper an einen Stuhl gefesselt wurde, die Peitsche bereit in der Hand des Verhörers. Wie sie ihm eine Pistole an die Schläfe hielten und dann klickt es – sie war nicht geladen. Die Schreie der Mithäftlinge, die blutigen Striemen auf ihren Rücken. Meine Mutter kannte all diese Geschichten und doch erzählte er sie immer wieder.»

Im CIA-Bericht heisst es: *Geschäftsleiter Grupe und der nicht eingeweihte Verkaufsdirektor trafen Buehler nach seiner Rückkehr zum Debriefing. Das Treffen wurde zum Desaster. Buehler und der Verkaufsdirektor konnten es nie gut miteinander. Grupe sah Buehler als Aufschneider und hielt ihn irgendwie für verrückt. Der Geschäftsleiter war ausserdem beeinflusst von der Aussage iranischer Botschaftsleute in Bern, wonach Buehler nicht Ziel der Verhaftung war und nach drei Tagen freigekommen wäre, wenn er nicht inkriminierende Äusserungen gemacht hätte. Buehler schien von seiner Erfahrung im Iran noch recht traumatisiert. Er sprach unaufhörlich und gestand ein, dass er den Iranern alles über seine Verkaufskontakte im Iran erzählt habe. Das führte im Iran zu Korruptionsanklagen gegen 15 Iraner.*

Grupe versetzte den jetzt dysfunktional gewordenen Buehler in einen bezahlten Krankheitsurlaub, um das Ergebnis seines Gerichtsverfahrens abzuwarten. Für Grupe war Buehler beschädigtes Eigentum, er konnte nicht mehr als Verkäufer für die CRYPTO *weiterarbeiten. Es würde notwendig werden, eine neue Position für ihn zu finden. Grupe offerierte Buehler psychologische Betreuung auf Kosten der Firma, um den Anschein von Funktionalität wiederherzustellen im Innendienst der Verkaufsabteilung.*

Bühlers Tochter erzählt: «Als mein Vater realisierte, dass ihn die Firma fallen liess, war dies für ihn ein noch grösseres Trauma als die Haftzeit. Pa war zwar mit einem Apero begrüsst worden, aber für Geschäftsleiter Grupe schien von allem Anfang an klar zu sein, dass es für ihn in der Firma keinen Platz mehr gab. Mein Vater sprach von einem ‹Heuchler-Apero›. Erst jetzt verlor er seine Loyalität zur Firma und wurde misstrauisch.»

Im CIA-Bericht heisst es: *Die Debriefings gingen weiter und Buehler sprach weiterhin zwanghaft. Und er begann mit den Medien zu reden, machte wilde Anklagen gegen die Firma, sie hätte ihn während der Haft nicht unterstützt. (Er behauptete gar, dass die* CRYPTO *von ihm die Kaution zurückverlange, musste das aber zurücknehmen, als er von der Firma damit konfrontiert wurde.) Er begann auch aktuelle und frühere Mitarbeiter der Firma zu kontaktieren, um sie gegen das Management zu mobilisieren. Grupe glaubte, dass seine Frau ihn zu diesen Aktivitäten anstachelte. Am 10. März kündigte ihm der frustrierte Geschäftsleiter mit einer Frist von vier Monaten.*

Bühlers Tochter erinnert sich: «Wir weilten in den Skiferien, als mein Vater beim Nachtessen im Hotel von der Kündigung erfuhr. Er verstand die Welt nicht mehr. Es war anfänglich nicht so, dass mein Vater aktuelle und frühere Arbeitskollegen um Unterstützung anging, sie kontaktierten ihn. Die Art, wie die Firma mit ihm nach seiner Rückkehr umging, schien für viele die Gerüchte über den nachrichtendienstlichen Hintergrund der Firma zu bestätigen. Deshalb solidarisierten sich viele mit meinem Vater, sie sahen ihn als Opfer von geheimen Machenschaften.»

Im CIA-Bericht heisst es: *Grupe bezeichnete die Entlassung als Schocktherapie, die Buehler zur Vernunft bringen sollte. Aber die Partner waren entsetzt. Ganz unabhängig davon, wie disruptiv Buehlers Verhalten war, war es weit besser, ihn in der Firma unter Beobachtung zu haben als durch die Schweiz streunend, arbeitslos, mit einer Wut im Bauch.*

Statt Buehler wieder zu Sinnen zu bringen (und zurück in eine Beschäftigung bei der CRYPTO), machte die Entlassung die Dinge tatsächlich schlimmer. Er bedrängte ständig Firmenmitarbeiter, seine Sicht der Dinge anzuhören, und auch seine Kontakte zu den Medien nahmen zu.

In diesen ersten Monaten nach Buehlers Rückkehr wurde aus einer chaotischen persönlichen Katastrophe ein Desaster der Spionageabwehr. Quelle dieser unglücklichen Wendung war, dass auch der frühere CRYPTO-Entwicklungschef Peter Frutiger zu reden begann.

Der ehemalige Entwicklungschef Frutiger schreibt: «Die Nervosität der Gegenseite ist offensichtlich aus dem Ruder gelaufen und es wurden grosse Fehler gemacht, die ich nun ohne Bundesanwaltschaft durch eigene private Untersuchungen analysieren muss. Die Bundespolizei kann das nicht und wird sich nach fast fünfzig Jahren fraglicher Aktivitäten kaum wieder blamieren wollen. Die Zusammenhänge sind echt komplex!»

Im CIA-Bericht heisst es: *Als Buehler an diesem Wintertag im Januar 1993 aus dem Flugzeug in Zürich stieg, begann sich die Presse für ihn zu interessieren. Ein Journalist der SonntagsZeitung schaffte es, Bühlers Aufmerksamkeit zu gewinnen. Irgendetwas stimme nicht mit den CRYPTO-Geräten, sagte er und liess seine Telefonnummer in Buehlers Manteltasche gleiten.*

Am 17. März, Buehler hatte inzwischen den schwerwiegenden Verdacht, dass er unwissentlich suspekte Ausrüstung verkauft haben könnte, fand er diese Telefonnummer in der Tasche und rief den Informanten an. Sie sprachen sehr lange miteinander.

Nachdem Buehler gekündigt worden war, wollte Grupe eine rasche Einigung. Buehler verlangte 2,5 Millionen Franken Abfindung, eine For-

derung, die die Firma natürlich nicht erfüllen konnte. Sie bot an, ihn für alle erdenklichen Auslagen zu entschädigen, die Kosten seiner Psychotherapie und eines Outplacements zu übernehmen und ihm eine Gewinnbeteiligung auszubezahlen. Aber Buehler lehnte jedes Angebot der Firma ab.

Hans Bühler dokumentiert die Auseinandersetzung mit der Firma auf mehreren Regalen im Büchergestell, zwei Regale sind Videos und Tondokumente, in zwei Regale reiht er Ordner ein. Die wichtigsten beiden Ordner hat die Tochter nach seinem Tod aufbewahrt, es sind Aktennotizen über seine Treffen und Presseausschnitte, am Rande ergänzt durch persönliche Notizen. Daneben steht ein Exemplar meines Buches *Verschlüsselt* mit Widmung an Tochter Chris: «Ich danke dir, dass du Mami während der schweren Zeit 1992 so fest geholfen hast. Ich danke dir auch für deine vielen Briefe, welche ich viele-viele Male gelesen habe. Du hast mir viel Kraft zum Durchhalten gegeben mit deiner Aufmunterung, dass wir beide ja Kämpfer sind und dass ich weiterkämpfen soll. Das habe ich ja getan! Ich hoffe, dass dieses Buch dir zeigen kann, dass Papa ein guter Papa ist und sein kann. In diesem Sinne, meine grosse Tochter, ich bin stolz auf dich!»

Bühlers Tochter erzählt: «Ich habe einen Teil meiner Jugend verloren, es hat mitten in der Pubertät einfach Rätsch gemacht. Meine Mutter war während der Haft von Pa sehr beunruhigt, zermarterte sich den Kopf, wie es ihm ging, und war zeitweilig mit ihren Nerven am Ende. Ich versuchte sie dann aufzumuntern oder wenigstens abzulenken, sagte: Komm, jetzt mähen wir den Rasen im Garten oder streichen ein Zimmer neu. Immerhin hat sich mein Englisch in jener Zeit stark verbessert, im Maturazeugnis hatte ich eine Sechs. Ich hatte ja viel praktische Übung, weil ich alle Briefe ins Gefängnis auf Englisch übersetzen musste, da habe ich viel gelernt.»

2018 stirbt Hans Bühler nach kurzer schwerer Krankheit. In der Kapelle des Seebacher Friedhofs Schwandenholz versammelt sich die Trauergemeinde: Verwandte, Funkerkollegen, Nachbarn, ein paar ehemalige Arbeitskollegen aus der Firma. Tochter Chris zeigt Fotos aus seinen wichtigsten Stationen. Wie der Bub am Greifensee aufwuchs, von klein auf ohne Vater, der beim Angeln ertrunken war. Wie er als Schiffsfunker auf den Weltmeeren unterwegs war, etwa auf der Yacht des grossen deutschen Kaufhausbesitzers Horten. Wie er den Garten der Familie in Oerlikon mit Antennen überzog, um im Dachstock die Funkmeldungen aus aller Welt mit besserer Qualität empfangen zu können. Wie er bei der CRYPTO seine Traumstelle gefunden hatte: Technik, Reisen, Kontakt mit Kunden aus allen Kulturen. Seine Sprachbegabung. Wie das alles plötzlich fertig war und er – von der Firma diffamiert – am Ende als Paria dastand. Wie ihn diese Geschichte bis zum Tod nicht losliess.

Die über hundertjährige Mutter sitzt im Rollstuhl nahe an der Leinwand und sieht die Bilder an, als sehe sie sie zum ersten Mal. Sie wird das wöchentliche Mittagessen im Alterszentrum mit dem Sohn vermissen.

Ein früherer Funkerkollege schreibt: «Der Gedankenaustausch mit ihm fehlt mir sehr. HB9XJ und ich hatten gleiche Wellenlänge. Was seit seinem Tod bekannt geworden ist, hat mich wieder aufgewühlt und zornig gemacht. Dies zusätzlich zur Geringschätzung der Neutralität durch die Berner Garde.»

09

Wenn Geheimdienste streiten

Im CIA-Bericht heisst es: *Anfang Oktober 1992 weilte der neue Gruppenleiter des Minerva-Programms auf seiner Antrittsreise durch Europa in München. Das Informationstreffen mit X. entpuppte sich als viel mehr als nur eine Formalität, denn X. beschäftigte sich mit ganz anderen Dingen der Hydra-Angelegenheit (die Buehler-Affäre hatte inzwischen ihre eigene Verschlüsselung).*

Der Gruppenleiter war erst einige Tage im Amt und hatte nur am Rande mitbekommen, dass ein CRYPTO-*Verkäufer im Iran im Gefängnis sass. Aber jetzt konfrontierten ihn die Deutschen nüchtern mit einer Geldforderung des Irans. Geschäftsleiter Grupe hatte den Bundesnachrichtendienst um Hilfe ersucht. X. wollte zahlen und schlug den Amerikanern eine 50/50-Teilung vor.*

Der neue Gruppenleiter war sich unsicher. Das hörte sich für ihn wie Lösegeld an, besonders jene Zusage, dass Buehler das Land frei verlassen könne, sobald die Regierung das Geld erhalten habe. Er dachte, diese Zahlung könnte illegal sein. Zumindest müsste darüber in der CIA auf höchster Ebene entschieden werden.

Zufälligerweise weilte auch eine Kollegin in jenen Tagen in München. Der Gruppenleiter besprach sich mit ihr über die Geldforderung des Iran. Sie sagte, das sei keine Frage des Rechts, sondern eine Frage der Policy. Die amerikanische Regierung zahle kein Lösegeld; dazu war eine Regel in Kraft als Folge der Iran-Contra-Affäre. Aber das Parlament habe daraus kein Gesetz gemacht. Es sei einfach eine Policy-Angelegenheit geblieben (wenn auch auf höchster Ebene).

Im CIA-Hauptquartier Langley war die Angelegenheit klar. Das allseits bekannte Verbot der Exekutive, Lösegeld zu bezahlen, stand dem Bedürfnis entgegen, kritische Programme der Nachrichtendienste zu sichern. Was würde passieren, wenn Buehler im Stich gelassen und im Gefängnis verrotten würde? Wie viel wusste er über die Besitzer der Firma? Was würde er seinen Wächtern erzählen, um den Iran verlassen zu können? Wie viel Schaden konnte er anrichten? Sowohl Geschäftsleiter Grupe wie der Bundesnachrichtendienst malten dies zu einer potenziellen Katastrophe aus.

Während all diese Dinge geschahen, beharrte der deutsche Bundesnachrichtendienst gegenüber den Amerikanern auf der fairen Teilung der für Buehlers Freilassung geleisteten Kaution. Als diese Forderung im Januar aufgebracht wurde, wiesen unsere Vertreter in Bonn und München das Anliegen zurück und konterten mit unangenehmen Fragen: Wie der BND das Geld gewaschen habe, so dass die Zahlung keine Spuren hinterlasse? Ob er dafür den Minerva-Fonds benutzt habe? Der BND-Vertreter wies diese Unterstellung wütend zurück, der BND hätte dafür seine eigene vertrauliche Finanzierungsquelle.

Damit war die Angelegenheit nicht erledigt. Nach zwei Wochen gegenseitiger Schuldzuweisungen heizte X. den Streit mit der Anschuldigung an, das einseitige Handling eines gemeinsamen Projektes hätte das Partnerschaftsabkommen verletzt. Der BND hätte hinterlistig gehandelt, als er im Oktober und November mit den Iranern über die Kaution verhandelt und dies gegenüber den Amerikanern bestritten habe.

Ich habe nach dem Lesen dieser gegenseitigen Schuldzuweisungen mein Bild befreundeter Nachrichtendienste korrigiert. Deren Partnerschaften scheinen so anfällig auf Zerrüttungen zu sein wie ganz normale andere Partnerschaften. CIA und BND sind sich nach 22 Jahren Partnerschaft im Minerva-Programm praktisch in keinem Punkt mehr einig – ausser im Nutzen des Programms.

Es beginnt mit der Suche nach einem neuen Entwicklungschef nach Frutigers Skrupeln und dessen Ausscheren 1977. Die CIA schlägt «Clapper» vor, den Basler Kirk Kirchhofer, der zehn Jahre für zwei US-Firmen in Minnesota und Kalifornien gearbeitet hat. Der BND schlägt den holländischen Kryptologen Gerrit Broussard vor, dem die CIA – wenig vertrauenswürdig – den Decknamen «Butcher» («Metzger») gibt. Deutschland ist in jener Zeit daran, die Niederlande zusammen mit Dänemark und Schweden in eine technische Allianz der Nachrichtendienste einzubinden. Bei einem Bier in München geben sie dieser Allianz spontan den Decknamen der Biermarke «Maximator». Später soll auch Frankreich dazustossen.

CIA und BND lehnen ihre Vorschläge gegenseitig ab, weil sich «Butcher» mit Geschäftsführer Wagner nicht verträgt und «Clappers» technologisches Wissen für diese Aufgabe zu dünn ist. Ausserdem verdächtigen sich die Partnerdienste, ihre nationalen Interessen höher zu gewichten. «Butcher» tritt nach wenigen Wochen aus der Firma aus, «Clapper» wechselt in die Verkaufsabteilung und wird verantwortlich für den Schweizer Markt.

Der Schweizer Nachrichtendienst verschlüsselt bis zu jener Zeit seine geheimen Nachrichten nicht mit CRYPTO-Geräten – so viel Eigenständigkeit bewahrt er sich. Aber die Schweizer Armee erlebt 1976 einen ähnlichen Schock, wie ihn die USA 1954 erfahren haben. In der Übermittlungsübung «Cravat» für den Besetzungsfall zeigt sich, dass die Armee nicht in der Lage ist, den Funkverkehr abhörsicher zu verschlüsseln. In der Folge evaluiert der Bund die Beschaffung neuer Chiffriergeräte für die Übermittlung. Die CRYPTO kann sich im Beschaffungsverfahren gegen die Konkurrentinnen SIEMENS und GRETAG durchsetzen und erhält 1979 den ersten Grossauftrag aus der Schweiz: Sie darf 6900 Chiffriergeräte für insgesamt 180,6 Millionen Franken liefern, die bis 2002 im Einsatz sind. Um ein Haar vermasselt die CRYPTO diesen Auftrag durch eine Fahrlässigkeit: Sie schickt der Schweizer Armee zur Evaluation versehentlich Geräte für den Export, die knackbar sind. Prompt kommt der damalige Armeekryptologe Paul Glur der Schwäche dieser Geräte auf die Spur und verlangt Nachbesserung. «Clappers» beste Kontakte auf alle Seiten verhelfen der CRYPTO zu einer zweiten Offerte – und vor allem verhindern sie unliebsame Nachfragen.

CIA und BND einigen sich zu jener Zeit auf den SIEMENS-Ingenieur Sigmar-Horst («Micky») Grützmann als neuen Entwicklungschef, die CIA gibt dem Deutschen dem Decknamen «Rex». Dieser «König» scheitert aber an den hohen Anforderungen seines Amtes: Er darf keinen der beiden Partnerdienste bevorzugen, muss den Übergang zur elektronischen Generation der Geräte schaffen, steht unter den strikten Vorgaben aus den USA und Deutschland und die Entwicklungsingenieure der Firma misstrauen ihm. «Rex» versteht von der Materie zwar mehr als sein Vorgänger ad interim, aber er tut sich schwer damit, es allen recht zu machen. Angesichts seiner Überforderung trinkt er zu viel und wird nach zwei Jahren durch einen anderen SIEMENS-Mann, Rainer Gaiser, ersetzt. Die CIA gibt diesem Nachfolger mit feiner Ironie den Decknamen «Alter» (lateinisch für «der andere»).

Selbst im Erfolg sind sich die beiden Nachrichtendienste nicht einig. Als die USA im April 1986 den Funkverkehr zwischen

Tripolis und dem libyschen Volksbüro in Ostberlin vor dem Anschlag auf die Diskothek «La Belle» in Berlin entschlüsseln, spricht der damalige US-Präsident Ronald Reagan von unwiderlegbaren Beweisen, wonach Libyen hinter dem Anschlag steht. Reagan lässt Ziele in Tripolis und Bengasi bombardieren, 45 Soldaten sterben. «Du bist dafür verantwortlich, dass fünfzig unserer Glaubensgenossen starben», werfen die iranischen Verhörer Hans Bühler sechs Jahre später vor.

Ein BND-Veteran schreibt: *Das Verhalten der Amerikaner in diesem Fall kann wieder als Beispiel angeführt werden, wie für Geheimdienstoperationen nicht unmittelbar Verantwortliche um des augenblicklich zeitlich begrenzten Erfolges willen eine hoch komplizierte, langfristig angelegte Operation auf das Höchste gefährden und auf Dauer sich selbst schaden. Die Briten haben jedenfalls im Zweiten Weltkrieg aus Tarnungsgründen Aufklärungsflugzeuge über dem Mittelmeer kreisen lassen, um so die wahre Quelle ihrer Kenntnisse über die Versorgungskonvois für Rommels Afrika-Korps zu verschleiern. Sie hatten nämlich inzwischen die Enigma geknackt.*

Auch im Hinblick auf die Firmenkultur in Zug sind sich die zwei Partnerdienste nicht einig. Die CIA misstraut den deutschen Kaderleuten, weil sie sie verdächtigt, die nationalen Interessen höher zu gewichten als das gemeinsame Interesse. Da traut man den neutralen Kleinstaaten Schweden und Schweiz mehr; eine CIA-Headhunter-Firma aus New York rekrutiert die Kaderleute deshalb mit Vorliebe in Schweden und der Schweiz. Der BND wiederum misstraut der CIA, weil er die Erfahrung gemacht hat, dass die USA jederzeit ihren eigenen Zug fahren.

Dazu kommen die kulturellen Unterschiede. Ein BND-Veteran schreibt: *Die deutsche Seite wollte präventive Einflussnahme, die bei der ewigen Verselbständigung bei den die Sicherheit belastenden Entscheidungen des Generaldirektors notwendig waren (Personaleinstellungen, Firmenfusionen). Die amerikanische Seite liess Disziplinlosigkeiten erst einmal geschehen, meldete diese mit langen Feedback-Zeiten nach Washington und übte sich dann in Schadensbegrenzung. So konnte sie vor Ort gegenüber Wagner (dem ersten gemeinsam bestimmten Geschäftsleiter) erst einmal die Rolle der Good Guys übernehmen. Wenn dann die Schelte endlich von anonymen Angehörigen des Partners aus Washington kam, war das kritikwürdige Vorgehen längst ein alter Tagesordnungspunkt unter neuen.*

So endet die über zwanzigjährige Partnerschaft zwischen CIA und BND in den Programmen «Thesaurus» und «Rubikon» nach dem Gezänk um Bühlers Lösegeld. Ausschlaggebend für den Ausstieg des BND ist eine Warnung der CIA, dass das Minerva-Projekt jederzeit auffliegen kann. Zurück bleiben gegenseitige Vorwürfe.

Ein BND-Veteran schreibt: *Der amerikanische Partner sagte, wir hätten immer zu viel Wert auf das Kommerzielle gelegt. Als wäre das eine (nachrichtendienstlicher Nutzen) ohne das andere möglich (kommerzieller Erfolg). Geld spielte keine Rolle, wie oft habe ich diesen Spruch gehört. Und was war mit dem Geld, das für Bühlers Freikauf benötigt wurde? Die Partner haben gekniffen.*

Im CIA-Bericht heisst es: *An diesem Punkt schaltete sich der Chef eines Raumfahrtzentrums vermittelnd ein und sagte, die Headquarters würden unfair darauf herumreiten. Der* BND *hätte entschieden, etwas zu tun, was die Amerikaner nicht konnten, und damit zwar einseitig gehandelt, aber in der Absicht, das Projekt zu retten. Sie hätten X. die Details wohlüberlegt vorenthalten, um ihm die Möglichkeit zu geben, sie glaubhaft zu bestreiten. Z. hatte getan, was er glaubte, machen zu müssen, ohne die amerikanische Regierung mit Wissen zu belasten. Vergeblich plädierte er für eine verständnisvollere Haltung zwischen den Headquarters.*

Buehler hatte inzwischen ein Team von Anwälten engagiert, das die CRYPTO *mit einer substanziellen Ausgleichszahlung unter Druck setzte. Der* CRYPTO*-Verwaltungsrat erhöhte sein Abfindungsangebot auf 250 000 Franken, aber das war nur ein Zehntel von Buehlers Forderung. Die Auseinandersetzung war offenkundig daran, zu einer Gerichtssache zu werden. Auch wenn der* CRYPTO*-Rechtsdienst der Meinung war, dass* *die Firma vermutlich vor Gericht gewinnen würde, drängten die Nachrichtendienste Grupe zu einer Einigung. Ein Gerichtssaal war ein unkalkulierbares Risiko – wer wusste schon, was dort herauskommen würde?*

Buehlers Schwester hatte viel mehr Verständnis für die Haltung der Firma, und Grupe überzeugte sie, ihren Bruder zu bearbeiten. Sie glaubte, dass Buehler unter dem Einfluss seiner Lebenspartnerin stand. Auf Insistieren seiner Schwester akzeptierte er schliesslich das Angebot der Firma, ihm psychiatrische Hilfe und ein Outplacement zu finanzieren. Das brachte aber nur einen sehr bescheidenen Nutzen, weil alle, die ihn befragten, zum Schluss kamen, dass Buehler unvermittelbar war und langfristige Hilfe brauchen würde.

Bühlers Tochter erinnert sich: «Nachdem mein Vater mit einem eigenen Buch unter dem Titel *Entschlüsselt* gedroht hat, vermittelt ihm die Bundesverwaltung eine Stelle bei der Handelszentrale OSEC. 1995 beginnt er dort, er ist für den Markt Asien zuständig. Es geht nicht lange gut, es gibt dort eine starke Frauencrew, die ihm Chauvinismus vorwirft. Auch Bern passt seine Arbeit nicht und man will ihn Ende 1995 loswerden. Die Firma hat von ihm schon ein Jahr zuvor gefordert, dass er für eine Äusserung gegenüber einer Journalistin auf dem Weg zum Genfer Buchsalon 10 000 Franken an AMNESTY INTERNATIONAL wird zahlen müssen, er habe das Schweigegebot verletzt – ein Zynismus ohnegleichen. Pa bekam ständig neue Hinweise auf den geheimdienstlichen Hintergrund seiner Firma und musste aufs Maul sitzen.»

Im CIA-Bericht heisst es: *Auf die Sommerruhe folgten Herbststürme. Buehler wurde bockiger und begann erneut mit den Medien zu reden. Zwar traf er weiterhin Grupe, aber sein Verhalten wurde immer irrationaler und er brach verschiedene Male zusammen. Die Partnerdienste hatten den Verdacht, dass er wieder unter dem Einfluss seiner Lebenspartnerin stand.*

Wie seinerzeit Frutiger, ging nun auch Buehler zur Bundespolizei. Er beklagte sich, dass etwas Krummes in der CRYPTO vor sich ging. Die Bundespolizei (das Schweizer Pendant zum FBI) kontaktierte den militärischen

Nachrichtendienst. Gewisse hohe Beamte in der Organisation wussten Bescheid über die Rolle der Amerikaner und Deutschen in der CRYPTO und kümmerten sich selbst um den Schutz dieser Beziehung. Ein Schweizer Nachrichtenoffizier informierte die CIA, dass er sicherstellen könne, dass die offiziellen Ergebnisse jedweder Untersuchung der Geräte keine Manipulation ergeben würden. Den Schweizer Chiffrierdienst hätten sie im Sack, und falls die Untersuchung der Geräte an die ETH vergeben würde, könnten sie vier der fünf involvierten Kryptologen «handlen». Die Bundespolizei besuchte die Firma und sprach mit Grupe und anderen, aber zeigte sich nicht sehr interessiert, in die Tiefe zu gehen. Sie schien Buehler als irgendwie verrückt zu sehen. Es war eindeutig ein Pro-forma-Besuch.

Am 15. November rief Buehler Grupe an, um ihm mitzuteilen, er sei bereit, sich mit einer Abgeltung von 250 000 Franken abzufinden. Er würde danach keine weiteren Ansprüche mehr geltend machen. Aber die Vereinbarung, die er am 10. Dezember unterzeichnete, enthielt keine Klausel zu den Pressekontakten.

Diese Vereinbarung beendete die Affäre nicht – in Tat und Wahrheit stand sie erst am Anfang. Im Dezember 1993 erhielt Grupe Kenntnis davon, dass ein linksstehender Investigativjournalist namens Res Strehle an einem Buch über die Buehler-Affäre arbeitete. Er wollte ein Interview, aber Grupe lehnte ab.

Buehler begann aktuelle und frühere Angestellte der Firma zu bedrängen. Er kontaktierte einen früheren Förderer und schien nach weiteren Beweisen zu suchen, die seine Belastungen der Firma belegen würden. X. war sehr beunruhigt, weil er glaubte, dass Buehler die Fähigkeit hatte, der Firma zu schaden. CIA-Assets, die es seit dem Tag X gab, könnten verletzlich sein.

Bühler beschäftigt das Thema bis an sein Lebensende. «Mein Vater rannte in diesem Fall einfach gegen alle Mauern, überall», sagt seine Tochter Chris. Therapeutische Hilfe suchte er nicht, ein-, zweimal ist er bei einem Psychologen für ein Gutachten, das seine Arbeitsfähigkeit bestätigt. Mit der Pensionierung fällt wenigstens der Druck weg, eine neue Stelle zu suchen. Er hätte den Kopf dafür womöglich auch nicht frei gehabt. In einem Interview mit einer deutschen Fernsehanstalt sagt er: «Das Schlimmste überhaupt war, zu fassen, was passiert ist.»

10

Hydra

Die CIA liebt Anspielungen auf die griechische Mythologie. Das hat mit der humanistischen Bildung ihrer Historiker zu tun, ausserdem lässt sich so die aktuelle US-Geschichte als Fortsetzung der antiken Hochkultur lesen. Als der Fall Bühler immer neue Weiterungen nimmt, geben sie ihm den Decknamen «Hydra». Das war jenes schlangenähnliche Monster, dem zwei neue Köpfe nachwachsen, wenn ihm einer abgeschlagen wird. Der Kopf in der Mitte ist unsterblich. Sich selber gibt die CIA im Minerva-Programm den Decknamen «Eos»; die Göttin der Morgenröte soll das Monster besiegen.

Im CIA-Bericht heisst es: *Anfang 1994 brachte Buehler die Anschuldigung, der wahre Eigentümer der CRYPTO sei nicht SIEMENS, sondern der Bundesnachrichtendienst, über eine Organisation namens Bundesvermögensverwaltung oder BVV. Das weckte Befürchtungen in Langley, denn die BVV war in der Tat jener Kanal, über den der BND Gelder an die CRYPTO und andere geheime Aktivitäten leitete.*

Danach erfuhr die CIA, dass Buehler für den 23. März eine öffentliche Enthüllung im österreichischen und Schweizer Fernsehen (Sendung «Rundschau») über die Beziehung der CRYPTO zu den westlichen Nachrichtendiensten plante. Strehles Buch «Verschlüsselt. Der Fall Hans Bühler» sollte gleichzeitig erscheinen. Es würde von Buehlers Verhaftung handeln, seiner Zeit im Gefängnis, seiner Freilassung, der Entlassung und von den Besitzverhältnissen der Firma. In Langley und Zug waren alle im Modus der Schadensbegrenzung.

Grupe entschied, den journalistischen Angriff frontal zu kontern. Er war einverstanden, sich vom Schweizer Fernsehen interviewen zu lassen, zur nicht geringen Konsternation des Bundesnachrichtendienstes.

Die Sendung zeigte einen bedrückten Hans Buehler, der über die Behandlung in den Händen der iranischen Gefängniswärter berichtete. Dann kam der Sprecher auf das Thema der Nachrichtendienste und behauptete, dass die CRYPTO-Geräte von den Deutschen und Amerikanern manipuliert worden seien. Der Autor interviewte Frutiger, der seine dunklen Andeutungen mit verfremdeter Stimme aus dem Off machte; angeblich könnte sein Leben in Gefahr sein. Zwar nannte niemand spezifisch MOTOROLA, aber deren elektronische Abteilung für die Regierung wurde erwähnt.

Grupe erschien vor der Kamera, interviewt von einem Schweizer Journalisten. Er bestritt die Behauptungen rundweg, nannte sie aufgewärmte Vorwürfe frustrierter ehemaliger Angestellter. Buehler sei entlassen worden, weil das Management der Firma das Vertrauen in ihn verloren und er sich geweigert habe, die Unterlagen seines Anwalts der Firma auszuhändigen. Die Unterstellung, wonach die Deutschen die Geräte der Firma manipulieren würden, bezeichnete er als Wahnsinn. Die CRYPTO verkaufe ihre Geräte in Deutschland, führte er weiter aus, und in der Schweiz, die der Firma ein einwandfreies Ordnungszeugnis ausgestellt habe. Die ganze Sache sei blanker Unsinn. Selbstverständlich hätten ausländische Nachrichtendienste die Firma oft besucht. Das seien Kunden, und zwar gute. Sie vertrauten der Sicherheit der CRYPTO-Geräte.

Die «Rundschau»-Geschichte vervielfachte sich in den folgenden Monaten in den europäischen Medien. Nur fünf Tage nach ihrer Ausstrahlung und dem Erscheinen des Buches brachte das deutsche Magazin FOCUS eine Geschichte über die Affäre Buehler, mit Betonung der Anschuldigungen über das deutsche Mitmischen. Die CIA registrierte mit einer gewissen Erleichterung, dass immerhin nicht der SPIEGEL mit seiner deutlich grösseren Leserschaft das Thema aufgegriffen hatte. Am 7. April wiederholte Buehler seine Anschuldigungen am Schweizer Radio. Er behauptete, dass einige aktuelle und frühere Beschäftigte der Firma bereit seien, vor Gericht auszusagen, um seine Behauptungen zu stützen.

Die Wirkung des Buches wurde irgendwie abgeschwächt durch den abenteuerlichen Charakter von Strehles Behauptungen. Unter anderem hatte er sich entschieden, Frutigers Behauptung zu übernehmen, dass Bo Hagelin junior, der Sohn des CRYPTO-Firmengründers, vermutlich vom amerikanischen Nachrichtendienst ermordet worden sei, weil er sich geweigert habe, manipulierte Geräte zu verkaufen. Diese Verschwörungstheorie geisterte seit Längerem ohne faktische Grundlage herum und laut X. unterminierte ihr Auftauchen im Buch auch Buehlers Glaubwürdigkeit.

Sixten Svensson, der Bruder von Boris Hagelins zweiter Frau Elsa, hat eine andere, plausible Interpretation: «Ich glaube nicht, dass Bo Hagelin junior vom NSA oder der CIA umgebracht wurde. Es gibt dafür keinerlei Beweis. Aber verschiedene Indizien deuten auf einen Suizid hin, zum Beispiel, dass er kurz vor seinem Tod für seine Zwillingstöchter ein Schulinternat organisierte.»

Im CIA-Bericht heisst es: *Für die Kunden war die Buehler-Affäre ein Schock. Ein Kunde drohte, künftig alles bei einem anderen Anbieter zu kaufen, und der Entscheid einer Regierung, einen grösseren Kauf bei der* CRYPTO *zu tätigen, wurde unverzüglich wiedererwogen. Die Italiener, die stets ein wenig zurückhaltend waren, würden wahrscheinlich aus dem* CRYPTO*-Orbit ausfliegen. Ein anderer Staat, der grösster Einzelkunde war, hielt seine Bestellungen bis zur Klärung der Vorwürfe pendent. Der* CRYPTO*-Verkäufer in Indonesien hatte Schwierigkeiten, seine Produkte zu verteidigen, er schien eigene Verdachtsmomente zu haben. Ägypten begann die Firma mit Fragen über die Sicherheit der Geräte zu löchern. Eines der wenigen Länder, das geringe Vorbehalte hatte, war der Iran. Er nahm den Kauf von* CRYPTO*-Geräten nahezu unverzüglich wieder auf.*

Geschäftsleiter Michael Grupe scheidet 1997 aus und macht sich als Konsulent selbständig. Zu seiner Rolle sagt er: «Was hätte ich in der Öffentlichkeit sagen sollen? An der CRYPTO bestanden übergeordnete Interessen – das kann man nur aus der damaligen Zeit heraus verstehen. Das war ein Programm der Nachrichtendienste, da darf man nicht alle Dinge auf den Tisch legen. Und wenn man einmal Ja dazu gesagt hat, muss man dazu stehen. Insgesamt war es für mich eine gute Zeit mit Ausnahme des Bühler-Falls, der hat mir manche schlaflose Nacht beschert.»

Im CIA-Bericht heisst es: *Zu jener Zeit hatte die CIA nahezu täglich Kontakt mit ihren Vertrauenspersonen in der Firma. Dabei verlangte die Sicherheit des Handwerks, dass diese Kontakte unregelmässig sein sollten und zusätzliche Cover-Mechanismen benötigten. Treffen mit Vertrauenspersonen wurden danach links und rechts abgesagt. Alle direkten Kontakte durften nur aus öffentlichen Telefonzellen erfolgen. CIA-Dokumente sollten sorgfältig gescreent werden unter Löschung aller inkriminierenden Information.*

X. sah die Liste aller Eingeweihten durch. Die Deutschen verteidigten ihr eigenes Handwerk. X. betonte, dass der Kreis der Mitwisser dermassen eingeschränkt sei, dass nicht einmal der Kanzler informiert sei.

Der damalige Geheimdienstkoordinator Bernd Schmidbauer sagt: «Wir hatten ein paar Treffen mit den Schweizern zu diesem Thema.» Ein BND-Veteran schreibt: «Wir sind immer davon ausgegangen, dass die Schweiz informiert war.»

Im CIA-Bericht heisst es: *Als die Medien Anfang März überhitzten, begann sich auch die Schweizer Regierung um die Attacke zu kümmern. Regierungsbeamte trafen sich zu dringlichen Sitzungen, um zu entscheiden, was zu tun sei. Ihre grösste Sorge bestand darin, welche Wirkung dies auf die Schweizer Exporte und die weltweite Wahrnehmung der Schweizer Neutralität haben konnte. In keiner Diskussion gab es den kleinsten Hinweis darauf, dass irgendwer auf der höchsten Regierungsebene glaubte, dass die CRYPTO-Geräte nicht von den Amerikanern und Deutschen manipuliert seien. Die Arbeitshypothese war, dass sie diesen Wert der westlichen Nachrichtendienste ebenso schützen mussten wie die Schweizer Neutralität.*

Aufgeschreckt durch die Publikationen, eröffnete die Schweizer Bundespolizei ein neues Verfahren über die Firma. Sie besuchte eilends die CRYPTO, erhielt die unerlässliche Bestreitung Grupes und empfahl der Firma, die Sicherheit ihrer Verkäufer zu gewährleisten.

Am 15. Juli reichten die CRYPTO-Anwälte eine Klage an einem Schweizer Gericht ein, um Buehler zu verbieten, «falsche» Anschuldigungen gegen die Firma zu erheben. Vier Tage später erliess der Richter ein superprovisorisches Verbot – für den Moment hatte Buehler einen Maulkorb. Aber es war nur ein temporärer Sieg, denn die Firma war nun gezwungen, innerhalb eines Monats Klage gegen Buehler einzureichen, wenn die Verfügung dauerhaft werden sollte, andernfalls würde sie automatisch dahinfallen. Obwohl dies Buehler am Reden hinderte, setzte es einen gefährlichen Prozess in Gang.

Eine Auseinandersetzung vor Gericht würde weitgehend darauf basieren, was die Polizei ermittelte. Wenn sie klare und überzeugende Beweise hatte, dass Geräte manipuliert waren oder ausländische Nachrichtendienste die Firma besassen, war die CRYPTO gezwungen, die Klage zurückzuziehen. Kunden würden überzeugt sein, dass Buehler Recht hatte, und dies würde die Firma zerstören. Wenn die Polizei umgekehrt aber nichts Inkriminierendes finden würde, wäre es klug, den Gerichtsweg zu gehen. Alles hing von der Polizei ab.

Die Polizei kontaktierte unverzüglich den früheren Entwicklungsingenieur Frutiger, den Buehler öffentlich als seine wichtigste Quelle genannt hatte. Aber als sie Frutiger trafen, trafen sie auf einen wankelmütigen Zeugen.

Einerseits führte Frutiger detailliert seine gut begründeten Verdachtsmomente aus, was die Integrität der Firma betraf, schon vor der Zeit, in der er eintrat. Als er in den sechziger Jahren an der ETH war, wurde ihm gesagt, dass die Firma von Beziehungen zu westlichen Nachrichtendiensten kompromittiert wäre. Er präsentierte eine Litanei schädigender Vorwürfe, die darin gipfelten, dass Leute aus der NSA und der deutschen Zentralstelle für das Chiffrierwesen interveniert hätten, wenn immer er versucht hätte, seine eigenen Algorithmen in die Geräte einzubauen. Als er nach spezifischen Beweisen dazu befragt wurde, konnte er einzig einen harmlosen Brief des NSA-Kryptologen Larry Shinn an den CRYPTO-Gründer Hagelin im Jahr 1976 vorlegen. Der Brief lieferte nur den «Beweis» dafür, dass sich die beiden kannten, aber im Zeitablauf ging Shinns Identität verloren und damit die allfällige Bedeutung dieser Bekanntschaft.

Frutiger machte sich zu einem unausstehlichen Zeugen. Plötzlich wurde er zurückhaltend und die Polizei musste ihm eine Strafe androhen, damit er aussagte. Seine Anschuldigung über die behauptete Ermordung von Bo Hagelin junior schien der Polizei surreal. Im Mai sagte Frutiger der Polizei, er habe keine Beweise für die Manipulation der Geräte, und sagte aus, dass das «Rundschau»-Interview ein Schwindel gewesen sei – nicht er habe es geführt, sondern der Produzent habe dafür jemand anders engagiert. Er sagte, dass er in Lebensgefahr sei. Die Polizei kam zum Schluss, dass Frutiger mit haltlosen Anschuldigungen um sich warf.

Verkaufsingenieur Bruno von Ah sagt: «Als Frutiger die Hintertüre gefunden und mich orientiert hat, haben wir abgemacht, dass wir zum Schutze der Belegschaft schweigen. Wenn das 1975 aufgeflogen wäre, wären alle Beschäftigten in No-Time auf der Strasse gestanden. Aber Frutiger war diesen Herren fortan zu unbequem, weil er zu gut in die Geräte hereinsah und ihnen sagte, was nicht gut war. Frutiger konnten sie nie kaufen, er war weltweit hoch angesehen – niemand hat verstanden, warum er gegangen ist. Er war ein flotter, loyaler, toller Typ, ein guter Chef, von A bis Z souverän.»

Im CIA-Bericht heisst es: *Ein anderer früherer Beschäftigter der CRYPTO erklärte sich bereit, mit der Polizei zusammenzuarbeiten. Er erklärte, dass CRYPTO-Produkte manipuliert gewesen seien, aber gab keinerlei Hinweise darauf, ob die CIA oder der deutsche Bundesnachrichtendienst an diesen Manipulationen beteiligt waren. Als er um Belege gebeten wurde, sagte er, er hätte welche, aber sie herauszugeben würde das ihm auferlegte Geschäftsgeheimnis der CRYPTO verletzen. Dieser Mann wäre für die Firma potenziell ein sehr schädlicher Zeuge gewesen, denn er hatte Kenntnis von intimsten Details des unsicheren MCC-314-Gerätes (ein breit verkauftes digitales Verschlüsselungsgerät) und war sich zweifellos sehr bewusst über die Synchronisationsmethode, mit der sich dieses Gerät entschlüsseln liess. Er bezeugte, dass die Jugoslawen, die das MCC-314-Gerät in Mengen gekauft hätten, die Unsicherheit entdeckt und das Gerät geändert hätten, um die Entschlüsselung zu verhindern.*

Verkaufsingenieur von Ah sagt dazu: «Nach einem Monat kehrten wir wieder mit einer Flasche Cognac nach Belgrad zurück.

Ich erklärte den Herren zwei, drei Möglichkeiten, wie man ihr Misstrauen beseitigen könnte. Die Modifikation mussten sie allerdings selber vornehmen.»

Im CIA-Bericht heisst es: *Ein früherer Labortechniker gab schädigende Informationen über die Geräte zur Sprachverschlüsselung preis. Er sagte, dass die Zentralstelle für das Chiffrierwesen die Algorithmen geändert habe, und nannte dies eine kryptologische Kastrierung. Er bezeichnete das CRM-008-Gerät als «deutsches Produkt».*

Das intensive Grilling der Polizei kostete seinen Tribut. Der eingeweihte deutsche Treuhänder war von der Aussicht auf ein Verhör durch die Polizei so genervt, dass er mit seinem Rücktritt drohte.

Mitte Mai ging auch Georg Stucky, ein nicht eingeweihter CRYPTO-Verwaltungsrat und Mitglied des Schweizer Parlaments, ans Grilling. Er war so aufgebracht, dass er zu einem anderen nicht-eingeweihten Verwaltungsrat ging und von ihm Auskunft darüber verlangte, wem die Firma gehöre. Doch der wusste dies selber nicht und rief Grupe an, der einverstanden war, die beiden in einem lokalen Restaurant zu treffen.

Beim Mittagessen drohten die beiden Verwaltungsräte unverzüglich zurückzutreten, wenn ihnen Grupe nicht sagte, wem die Firma gehörte. Mit dem Rücken zur Wand sagte Grupe, dass die Amerikaner hinter der Firma stünden und dass das Programm der westlichen Aufklärung diente. Weit davon entfernt, erzürnt zu sein, akzeptierten die beiden diese Enthüllung ruhig.

Einige Tage später traf Stucky den Verteidigungsminister Kaspar Villiger zum Thema Crypto. Im Lauf des Meetings sagte Villiger: «Ah, du bist also der Guy, der im Verwaltungsrat dieser CIA-Firma sitzt» oder Ähnliches, das zeigte, dass er sich des amerikanischen Einflusses auf die CRYPTO sehr wohl bewusst war. Aber er verstand die Sensitivität und war damit einverstanden, dass die Schweizer Übermittlungstruppen jene Geräte untersuchen sollten, die an die Schweiz geliefert worden waren und als sicher galten. Das würde sicherstellen, dass niemand schliessen konnte, dass die Ausrüstung manipuliert war. An diesem Punkt war mindestens ein Mitglied der Schweizer Regierung in dieses Cover-up eingeweiht.

Aber Villiger war in einem moralischen Dilemma. Der Bundesrat war daran, der Firma ein einwandfreies Gesundheitsattest auszustellen, was ihre Ausrüstung betraf, aber er konnte den Eigentümer nicht erforschen lassen. Villiger wusste, wem die Firma gehörte, und er fühlte, dass er moralisch verpflichtet war, dies offenzulegen.

Alt-Bundesrat Kaspar Villiger schreibt: «Ich erinnere mich an ein Treffen mit Nationalrat Stucky, wie es mit Parlamentariern üblich ist und ständig vorkommt. Es muss im Zusammenhang mit dem Bericht der Bundespolizei gewesen sein. Dabei habe ich keinerlei Information bekommen, die mich auch nur im Entferntesten alarmiert hätte. Das hätte ich bestimmt nicht vergessen und wäre dem, wie das meinem Arbeitsstil entsprach, mit anderen zuständigen Stellen (inkl. Bundesrat) nachgegangen.»

Alle Hinweise deuten auf folgendes Szenario: Die beiden Zuger Verwaltungsräte Hegglin und Stucky treffen in der ersten Maihälfte 1994 den CEO-Geschäftsleiter Michael Grupe zum Mittagessen in Zug. Die beiden wollen vom Geschäftsleiter ultimativ wissen, was sie schon bei ihrem Eintritt in den Verwaltungsrat hätten fragen sollen: Wem gehört die Firma? Ohne klare Auskunft werden sie aus dem Aufsichtsgremium zurücktreten. Grupe musste dies um jeden Preis verhindern. Also sagt er ihnen laut CIA-Papier: Die Firma gehört den Amerikanern.

Das ist in diesem Zusammenhang klar genug und doch nicht so explizit, dass Hegglin und Stucky irgendwann einräumen müssten, sie hätten gewusst, dass die Firma der CIA gehöre. Die CIA wird häufig nur umschrieben, ja sie tarnt sich selber. Laut dem Buchautor James Bamford (*The Puzzle Palace,* 1982) teilt NSA-Chef Howard Engstrom im August 1958 dem Kryptologen William Friedman mit, es sei nicht mehr die NSA für das Geheimprojekt mit Hagelin zuständig: «Die Sache liegt jetzt in den Händen von du-weisst-schon-wem.»

Mindestens so viel werden Stucky und sein Parteikollege Villiger mitbekommen haben: Die Firma CRYPTO gehört «den

Amerikanern». Und das erlaubt dem Alt-Bundesrat heute, zu schreiben, er hätte bei diesem Treffen nichts erfahren, was ihn alarmiert hätte, und er sei nicht in eine nachrichtendienstliche Operation eingeweiht gewesen, die die Glaubwürdigkeit der Schweizer Neutralitätspolitik hätte beschädigen können.

Villiger bringt das Thema im Bundesrat nicht zur Sprache. Laut einem Dokument des Nachrichtendienstes, das später in einem Bunker gefunden wird, soll auch Bundesratskollege Arnold Koller, in jener Zeit Vorsteher des Justiz- und Polizeidepartements, über den nachrichtendienstlichen Hintergrund der CRYPTO informiert gewesen sein. Koller ist als hochrangiger Offizier im Generalstab mit strenger Geheimhaltung vertraut.

Ich verdanke dem ehemaligen Rechtsprofessor Arnold Koller mein Wissen über das Schweizer Gesellschaftsrecht. Mit der Disziplin eines Truppenkommandanten instruiert er uns Studenten an der Hochschule St. Gallen Mitte der siebziger Jahre über das Schweizer Aktienrecht. Hätten die Zuger Politiker im Verwaltungsrat der CRYPTO mitgehört, – sie hätten gewusst, dass dieses Gremium für die Strategie der Firma unter Leitung der Geheimdienste CIA und BND verantwortlich ist. Der Zürcher FDP-Ständerat Ruedi Noser hält es für aberwitzig, dass Verwaltungsräte in Firmen einsitzen, deren Eigentümer sie nicht kennen. Koller wird ihm zustimmen, aber er hat sich zur gesundheitlichen Schonung und aus Gründen der Gleichbehandlung entschieden, keine weiteren Fragen der Medien zur CRYPTO zu beantworten. Er hat starke Schmerzen an einem vor Jahresfrist operierten Bein und ausserdem kürzlich einen Gehörsturz erlitten.

Die anderen Bundesräte jener Zeit sind wohl tatsächlich nicht informiert, sei es, weil ihnen der Nachrichtendienst die strenge Geheimhaltung nicht zutraut oder weil er sie politisch für zu wenig verlässlich hält. Adolf Ogi ist zwar Armeeoffizier, aber zu red- und leutselig, vom «Rubikon»-Programm hat er keinerlei Kenntnis. Jean-Pascal Delamuraz ist aufgrund seiner damaligen

Rolle als Kommissionspräsident bei der Untersuchung der Bachmann-Affäre zum Thema Nachrichtendienst zwar sachkundig, aber privat instabil. Der Tessiner Flavio Cotti neigt dazu, sich stets auf alle Seiten abzusichern. Das passt schlecht mit einem Programm zusammen, das streng geheim ist. Otto Stich hat mit der Armee nichts am Hut, Ruth Dreifuss bleibt auch im höchsten Amt kritisch gegenüber der NATO und nimmt als Bundespräsidentin nicht an der 50-Jahr-Jubiläumsfeier des westlichen Militärbündnisses teil.

So diskutiert der Bundesrat an seinen Sitzungen im Mai 1994 über die Förderung von Schweizer Investitionen in Kasachstan, die Botschaft zu den Fachhochschulen und die neue Verordnung über den Bundesfeiertag. Die Akten sind blau und weiss gekennzeichnet. Aber er diskutiert nicht über das wichtigste Thema, «Minerva», die Tarnfirma mit Schweizer Gütesiegel, die jederzeit auffliegen kann. Diese Akten wären grün, geheim klassifiziert. Eine ernsthaft geführte Untersuchung der Bundespolizei über die Eigentümer der CRYPTO, zum Beispiel mittels Rechtshilfebegehren an Liechtenstein, hätte das Projekt zusätzlich gefährdet. Der damalige Bundespolizeichef Urs von Daeniken führt dagegen an, dass es keine Rechtshilfe bei Verdacht auf politischen Nachrichtendienst gibt.

Wie für den deutschen Kanzler Helmut Kohl, gilt auch für die Vorsteher des Schweizer Verteidigungsdepartements das Prinzip *Don't ask, don't tell.* Damit wird ein allfälliger Skandal nach einer Panne auf der Stufe Nachrichtendienst stoppen. Und die neutralitätspolitisch gewichtige Frage bleibt im Bundesrat undiskutiert: Soll die Schweiz der CIA weitere zwei Jahrzehnte das Versteck hinter der Schweizer Neutralität garantieren? Der Bundesrat entscheidet im Mai 1994 stattdessen, dass der Bundesfeiertag künftig als arbeitsfreier Tag landesweit den Sonntagen gleichgestellt werden soll. Akten blau.

Alt-Bundesrat Kaspar Villiger führt in seinem Amt Tagebuch, das entspricht seinem Arbeitsstil. Was er über das Treffen mit dem Parteikollegen Stucky notiert hat, mag er nicht offenlegen. Er beantwortet Dritten gegenüber keine Fragen mehr. Dass er der Geschäftsprüfungsdelegation des Parlaments offen Auskunft erteilt, ist hingegen für ihn selbstverständlich. An mich ergeht folgende Mahnung Villigers: «Meine früheren Auskünfte bedürfen keiner neuen verästelten Interpretationen.»

Im CIA-Bericht heisst es: *Am 20. Dezember berichtete der Chef der Bundespolizei dem Justiz- und Polizeidepartement, dass es keine Grundlage gäbe, um die formelle Untersuchung weiterzuführen. Offenkundig hatte Villiger den Mund gehalten. Was die Schweizer Regierung betraf, war die Buehler-Affäre vorbei.*

Dann, Ende September, nahm die Angelegenheit für die CIA eine unerwartete Wende. Buehler war im Rahmen einer Serie über die NSA von einem Journalisten der BALTIMORE SUN interviewt worden. Für die CRYPTO war damit klar, dass er das superprovisorische Verbot missachtet hatte. Womöglich war dies nun die Gelegenheit, mit ihm eine aussergerichtliche Einigung zu erzielen.

Am allerletzten Tag der gesetzten Frist war Buehler mit der Erledigung einverstanden. Die Einigung führte zur Beruhigung. Buehler musste sich künftig von den Medien fernhalten – jede Verletzung der Vereinbarung würde ihn 100 000 Franken kosten. Er musste erklären, dass es keine Grundlage gebe für seine Anschuldigung, wonach die CRYPTO in nachrichtendienstliche Aktivitäten involviert war oder solche Aktivitäten unterstützt hätte. Die Firma übernahm die Rechtskosten bis maximal 150 000 Franken. Das war noch keine überzeugende Bestätigung der Sicherheit der CRYPTO-Produkte, aber es ermöglichte eine gesichtswahrende Erledigung der Angelegenheit.

Ein Journalist der BALTIMORE SUN begann nun andere aktuelle und ehemalige CRYPTO-Angestellte zu kontaktieren. Er sammelte die Knochen der verbliebenen Anschuldigungen. Buehler konnte nichts vor Gericht beweisen, aber das kümmerte den Journalisten nicht. Er konnte den Ball auf die andere Seite des Atlantiks herüberbringen.

Der SUN-Artikel erschien am 10. Dezember und war genauso schädlich, wie NSA und CIA befürchtet hatten. Er nannte spezifisch den Namen einer früheren NSA-Beamtin und brachte sie in Verbindung mit einer Deckfirma, deren sich mehrere NSA-Leute bedient hatten, wenn sie am Minerva-Projekt arbeiteten. Grupe wiederholte die allgemein bekannte Bestreitung von Seiten der Firma, schrieb die Angelegenheit frustrierten Beschäftigten zu und nannte deren Anschuldigungen «pure Erfindung».

Die Hydra-Affäre war der ernsthafteste Sicherheitsbruch in der Geschichte des Programms und das Nachbeben rumorte noch bis ans Ende des Jahrzehnts. Aber es führte nicht zu seinem Ende, und um die Jahrhundertwende war Minerva quicklebendig.

Es war ein knappes Entkommen.

11

Die Quitte

Die Quitte gehört zu jenen Früchten, die nicht zum Reinbeissen geeignet sind. Aber ihr Baum steht jedem Garten gut an, die Frucht eignet sich ausgezeichnet für Konfitüre, Gelee und Chutneys. Waschen, den Flaum abreiben, die Frucht schälen, entkernen und in Würfel schneiden, danach mit Kardamom, Sternanis, Orangen- und Zitronenschale, Vanilleschote, Honig und Zucker sowie zwei Teelöffeln Salz eine Stunde ziehen lassen, mit geriebenem Ingwer und Pfeffer abschmecken – und fertig ist die Beilage zu Wildgerichten. Ob so viel Bekömmlichkeit wundert es nicht, dass die CIA die Quitte («Quince») im Minerva-Programm als Decknamen für die Schweiz braucht.

Aufgrund des geheimen Minerva-Dokuments, anderer Dokumente und von Zeugenaussagen Betroffener tauchen im Quittenland rund ein Dutzend Personen auf, die über das Joint Venture von BND und CIA ab 1970 informiert waren: die Bundesräte Kaspar Villiger und Arnold Koller, auf Justizseite der ehemalige Bundesanwalt Hans Walder, in der Armeeführung der Kommandant der Flieger- und Flabtruppen Kurt Bolliger, der Chef des Flieger- und Flab-Nachrichtendienstes René Lécher sowie auf Firmenseite die jeweiligen Geschäftsführer und Entwicklungschefs, ein Kryptologe und zwei Verwaltungsräte. Ausser dem damaligen CRYPTO-Geschäftsführer Michael Grupe hat dies keiner bestätigt. Am zweitnächsten zu einer Bestätigung kam die Aussage von Alt-Bundesrat Villiger auf Anfrage verschiedener Medien, die Darstellung des CIA-Berichts sei in dieser Form nicht richtig und er hätte über das Projekt keine *detaillierten* Kenntnisse gehabt.

Es wäre ja auch seltsam und geradezu ein Armutszeugnis, wenn die Schweiz *keine* Kenntnis gehabt hätte vom grössten Projekt der westlichen Nachrichtendienste auf ihrem Boden. Sie erhielt in jener Zeit mehrfach Hinweise von Betroffenen. Ab 1977 und dann wieder 1994 ermittelte die Bundespolizei zweimal während mehrerer Jahre, aber angeblich ergaben diese Voruntersuchungen weder Beweise für manipulierte Geräte noch Hinweise auf die Geheimdienste als Eigentümer.

Anfänglich hat in der Schweiz nur «Siegfried», Hagelins Vizedirektor Oskar Stürzinger, Kenntnis vom Minerva-Vorgängerprojekt «Spartan». «Siegfried», Elektroingenieur mit ETH-Abschluss, erlebt Hagelins Erpressung durch die USA während des Firmenaufbaus in Zug aus unmittelbarer Nähe. Er ist ein absolut loyaler Gefolgsmann Hagelins im Nachbarbüro. Seine Frau ist als Sekretärin Hagelins tätig. Der schwedische Unternehmer bezieht Stürzinger in die wichtigen Treffen mit ein, bei der zweiten Reise Friedmans nach Zug 1957 überlässt er den US-Kryptologen sogar zwei Tage in dessen Obhut. Stürzinger ist auch dabei, als Hagelin 1967 mit dem deutschen und dem französischen Nachrichtendienst über den Verkauf der Firma verhandelt.

Nachdem die Firma 1970 von den neuen Eigentümern übernommen wird, machen sich die Schweizer Bundespolizei und «Siegfried» zu willfährigen Helfern des deutschen Verteidigungsministeriums. Der BND stört sich daran, dass kurz nach der Übernahme ein deutscher Techniker eingestellt wird, der im Prüffeld der Geräte tätig ist. Der Techniker ist mit einer Ostdeutschen verheiratet und dies erachtet das deutsche Verteidigungsministerium als Sicherheitsrisiko. Ohne Vorankündigung wird Axel Bochmann eines Tages in einen separaten Raum der Firma geführt und von zwei Vertretern der Schweizer Bundesanwaltschaft einvernommen. Obwohl sich der Verdacht als haltlos erweist, fordert der Schweizer Vizedirektor Stürzinger den Techniker im militärischen Ton zur Abgabe der Schlüssel auf und entlässt ihn nach einem halben Jahr in der Firma Knall auf Fall. «Siegfried», der Held aus der Nibelungensage, im Alter ein liebenswerter, allseits gern gesehener Gast in der Firma, stets für einen Schwatz über die Gründerjahre zu haben, hat seine harte Seite gezeigt: Eine Begründung für die Entlassung gibt er nicht, auch ein paar Tage später nicht, als sich Axel Bochmann auf Drängen seiner Frau nochmals bei ihm meldet: «Ich bin Ihnen keine weitere Erklärung schuldig.»

Wieweit «Siegfried» die Armeeführung über sein Wissen auf dem Laufenden hält, ist offen. Der Schweizer Nachrichtendienst ist damals dezentral organisiert, einen Teil besorgt das Büro Ha als ehemals selbständige Organisation. «Stürzinger war ein Militärkopf», erinnert sich seine frühere Sekretärin Doris Schweizer, die für ihn auch den Versand der Offiziersgesellschaft besorgt. Als Offizier mit breitem Wissen über die Kryptologie ist er ein wichtiger Mann für die Übermittlungstruppen. «Kamerad Stürzinger» gilt als Insider im Kreis der Stiftung Historisches Armeematerial und Führungsunterstützung (Hamfu), die Übermittlungsspezialisten und andere Armeeangehörige mit Hang zur Nostalgie vereinigt und nahe beim Militärdepartement angesiedelt ist. Es ist folglich davon auszugehen, dass die Schweizer Armeeführung wie jene Schwedens von Anfang an über das Projekt in den grossen Zügen informiert ist. Dies ist auch im Interesse des schwedischen Unternehmers Hagelin, andernfalls drohen ihm jederzeit ein Strafverfahren wegen politischen Nachrichtendienstes zum Nachteil der Schweiz, die Ausweisung und die Schliessung der Firma.

Laut dem deutschen Geheimdienstexperten Erich Schmidt-Eenboom tauschen sich 1985 folgende Schweizer Amtsstellen eng mit dem Referat 13 B des deutschen Nachrichtendienstes BND aus: die Untergruppe Nachrichtendienst und Abwehr UNA (BND-Deckname «Anis M») unter Divisionär Mario Petitpierre, die Bundespolizei (Deckname «Anis S») unter Leitung von Peter Huber, der Flieger- und Flabnachrichtendienst (Deckname «Anis L») unter Leitung von Peter Regli sowie die Abteilung technische Aufklärung der Armee («Anis T»).

Detaillierte Informationen über die Machenschaften der Firma unter Führung von BND und CIA erhält die Armeeführung bereits 1977, als der Chef der Entwicklungsabteilung, Peter Frutiger, aus der Firma ausscheidet und sein Wissen an zwei hohe Armeeoffiziere und einen ehemaligen Bundesanwalt weitergibt. Es ist undenkbar, dass diese pflichtbewussten Staatsdiener ihr Wissen nicht nach oben weitergeben. Daraus erklärt sich auch, warum die Untersuchungen der Bundespolizei in der Folge sang- und klanglos eingestellt werden.

Mit grösster Wahrscheinlichkeit ist aber nie der gesamte Bundesrat über das Minerva-Projekt informiert. Der Kreis der Mitwisser eines so wichtigen Geheimprojekts würde damit zu gross. Ausserdem traut man speziell den sozialdemokratischen Mitgliedern des Bundesrates die Geheimhaltung nicht zu: So agiert Pierre Graber auf die Terrorbedrohung der Schweiz durch radikale Palästinensergruppen in den frühen siebziger Jahren vergleichsweise naiv und planlos. Aus Willi Ritschards Departement geht 1982 der geheime Nowosti-Bericht über die Schliessung des Berner Sitzes der russischen Nachrichtenagentur an ausgewählte Medien.

Die Bundespolizei stellt ihre erste Untersuchung unter der Amtsführung des damaligen Chefs André Amstein ein, obschon eine kryptologische Untersuchung eines Geräts klare Mängel in der Verschlüsselung festgestellt hat. Die Schweiz lässt sich ihr Wohlverhalten gegenüber CIA und BND honorieren, indem Bern auch nach dem Abgang von «Siegfried» und Frutiger einen eigenen «Informanten» aus dem Sicherheitsdienst der Armee in der Führungsetage der Firma stellen kann. Es ist dies «Clapper», der Basler Ingenieur Kirk Kirchhofer, der künftig mit dem Kunden Bern (Armee und Botschaften) beauftragt wird. «Clapper», Spezialist für elektronische Steuerung, ist Fachoffizier im Armeestab.

Vielen Angestellten in der Firma bleibt «Clappers» Rolle in der Firma, nahe beim Geschäftsleiter, rätselhaft, ein einziges Mal verhält er sich auffällig: Vor Beginn des Jugoslawien-Kriegs erkundigt er sich beim zuständigen Ingenieur, in welcher Qualität die Firma Chiffriergeräte nach Belgrad geliefert hat. Die serbischen Kryptologen sind 1978 der Schwäche ihrer Geräte auf die Spur gekommen und drohen das Geheimprogramm auffliegen zu lassen, wenn ihnen die Firma keine Hinweise gibt, wie sie die Geräte abhörsicher machen können. Das wissen der deutsche und der schwedische Nachrichtendienst von der CRYPTO-Führung, die Schweiz weiss es anfänglich nicht.

Kirchhofer hat über sein Leben eine Autobiografie in Form eines Schlüsselromans verfasst, mit ausführlicher Beschreibung all seiner Arbeitsstellen. Einzig über seine wichtigste 23-jährige Tätigkeit bei der CRYPTO bis zur Pensionierung im Jahr 2000 verliert er nur ein paar dürre Worte. Auch seine Nähe zu den Nachrichtendiensten verschweigt er pflichtbewusst, explosiv ist nur der Buchtitel: *Sprengstoff in der Küche.* «Clapper», alias Kirk Kirchhofer, alias Fabian, experimentiert als Schüler in der Küche mit gefährlichen Substanzen aus einem Chemiebaukasten.

Als Erwachsener ist «Clapper» fasziniert von der Militärgeschichte. Als Geschäftsführer Heinz Wagner («Block») nach einem erfolgreichen Verkaufsseminar der Firma 1978 in Kairo die Ingenieure spontan mit einem Kurztrip zum Karnak-Tempel und den Pharaonengräbern im Tal der Könige belohnt, begleitet Kirchhofer «Block» bei der Besichtigung des Schlachtfeldes von El Alamein. Es ist jener Ort, der Bernard Montgomerys legendären

Ruf als Sieger gegen Erwin Rommels «Afrikakorps» begründet hat – jenes britischen Heerführers, der die Schweiz 1956 verpflichtete, im Kriegsfall auf Seiten der NATO in den Krieg einzutreten. Ägyptens Präsident Anwar as-Sadat weilt in jenem Jahr in Camp David, wo er mit Menachem Begin über einen Friedensvertrag mit Israel verhandelt. Dank den tüchtigen CRYPTO-Verkäufern in Ägypten ist US-Präsident Jimmy Carter als Vermittler über Sadats Beratung mit Kairo jederzeit auf dem Laufenden.

Zufällig besuche ich im Jahr 1978 ebenfalls die Pharaonengräber im Tal der Könige. Ich reise zusammen mit meiner damaligen Partnerin per Autostopp von Kairo nach Luxor, die Fahrt ins Tal der Könige unternehmen wir auf gemieteten Fahrrädern (nicht zu empfehlen, da schattenlos). Nach unserer Rückkehr nach Kairo geht die Reise weiter nach Alexandria. Es sind nur wenige Touristen in jener Zeit in Ägypten unterwegs, die Flöhe in den Hotelbetten sind um jeden Gast dankbar. Ich stelle mir die Reaktion meiner damaligen Partnerin vor, wenn ich ihr vorgeschlagen hätte, von Alexandria aus das Schlachtfeld von El Alamein zu besichtigen.

Ein Jahr später zeigt sich das Minerva-Programm für US-Präsident Carter erneut hilfreich: Bewaffnete iranische «Studenten» haben die amerikanische Botschaft in Teheran besetzt und sechzig US-Bürger als Geiseln genommen, um die Auslieferung des Schahs aus den USA zu erzwingen. Dank der Verschlüsselung der Kommunikation mit dem iranischen Geheimdienst durch CRYPTO-Geräte ist Carter jederzeit über die Absichten der Besetzer informiert. Im Januar 1981 endet die Besetzung dank Vermittlung der Algerier – ebenfalls langjährige CRYPTO-Kunden. Das Mitwissen über die iranische und algerische Kommunikation hilft auch der Schweiz in ihrer Rolle als Vermittlerin zwischen Iran und den USA.

Es scheint naheliegend, dass die Schweiz auch 2009 während der Geiselnahme der beiden Geschäftsleute Max Göldi und Rachid Hamdani dank der jahrzehntelangen Kundenbeziehung zwischen der CRYPTO und Libyen über die Absichten der Geiselnehmer stets gut informiert ist. Die damalige Bundesrätin Micheline Calmy-Rey will aber keine Kenntnis vom Nutzen der CRYPTO-Chiffriertechnik in diesem Fall haben, geschweige denn vom nachrichtendienstlichen Hintergrund der Zuger Firma. Über die Befindlichkeit der beiden Geiseln sei man einzig über die Schweizer Botschaft in Tripolis informiert worden, sagt sie am Telefon.

Ab 1997 wird «Clapper» für die Schweiz unwichtig und tritt danach auch als Verkäufer gegenüber dem Bund in den Hintergrund. Jetzt übernimmt mit dem Elektroingenieur Armin Huber erstmals ein Schweizer Geschäftsleiter die Führung der Firma. Huber gehört zu jenen «flotten Burschen», die die Ingenieurin Caflisch eingestellt hat. Der Offizier im Generalstab der Schweizer Armee wird Geschäftsleiter, nachdem sich die SIEMENS-Leute aus der Geschäftsführung zurückziehen. Der deutsche Bundesnachrichtendienst hat bei seinem Rückzug 1993 ausdrücklich empfohlen, die Schweiz künftig in die operative Führung der Firma einzubeziehen: Eine Weiterführung der Operation ohne Einbezug der Schweiz erscheint dem BND nach dem Fall Bühler unmöglich.

Das CIA-Papier erwähnt, dass hohe Schweizer Beamte im Nachrichtendienst ab Ende der siebziger Jahre über das Projekt informiert sind und darüber schützend ihre Hand halten. Die Bundespolizei steht im Austausch mit dem Nachrichtendienst, scheint aber nicht im Detail über das Geheimprogramm informiert. Laut dem Geheimdienstexperten Erich Schmidt-Eenboom lässt sich Bundespolizei-Chef Peter Huber 1987 in einem Entwicklungslabor des BND das Projekt «Tempest Attack» vorführen. Mittels der Erfassung elektromagnetischer Wellen, die von Geräten, Tastaturen und Bildschirmen abstrahlen, können Meldungen mitgelesen werden, noch bevor sie verschlüsselt werden. Huber zeigt sich im Unterschied zu den USA, die technisch in diesem Forschungsbereich weit voraus sind, an einer Beteiligung am Projekt interessiert.

Huber erinnert sich an dieses Treffen und bestätigt auch andere Kontakte zum BND, verneint aber vehement, über die wahren Eigentümer der CRYPTO informiert worden zu sein: «Als ich dies im vergangenen Februar erfahren habe, bin ich aus allen Wolken gefallen», sagt der 79-Jährige. Er zeigt aber Verständnis dafür, dass ihn der BND nicht informiert habe: «Ich hätte nicht geschwiegen, sondern umgehend den Chef Abwehr und den Bundesanwalt informiert.» Auch sein Nachfolger Urs von Daeniken will über das Minerva-Projekt nicht informiert gewesen sein, wie er am Telefon beteuert. Die Untersuchung der Bundespolizei unter seiner Führung habe damals schlicht keine Beweise zutage fördern können. Direkt zitiert werden will er nicht.

Ausgeschlossen scheint, dass Peter Regli, der Chef des militärischen Nachrichtendienstes, über den nachrichtendienstlichen Hintergrund der CRYPTO nicht informiert war, auch wenn er dies bis heute nicht öffentlich bestätigt. Andernfalls hätte er seinen Job nicht gemacht.

CRYPTO-Ingenieur von Ah meint sich daran zu erinnern, dass ihn Peter Regli 1995 ein paar Tage vor dem Prozess der Firma gegen Bühler über sein Wissen zu den mangelhaften Geräten befragt, die die Firma vor dem Bürgerkrieg nach Jugoslawien geliefert hat: «Wir trafen uns in einem Zuger Café und er wollte wissen, ob es nur Gerüchte um die Firma und ein schlechtes Bauchgefühl gebe oder Beweise? Ich habe mich gefragt, warum er allein kam, sagte ihm aber, dass ich Beweise hätte, und informierte ihn über das Hintertürchen, das die Jugoslawen gefunden hatten. Ich erzählte ihm auch, dass ich den Jugoslawen geraten habe, wie sie diese Schwäche beheben konnten. Ich war unsicher, ob ich vor Gericht aussagen sollte, weil dann auch mir eine Klage der Firma drohte. Ich bat ihn beim Justizdepartement abzuklären, ob sie mich davor schützen könnten. Er beschied ein paar Tage später, dass dies nicht gehe. Kurz danach wurde der Prozess abgesagt, die Firma hatte sich mit Hans Bühler geeinigt.»

Zwei Jahre später leitet mit Armin Huber erstmals ein Schweizer die CRYPTO. Huber bleibt insgesamt fünf Jahre in diesem Amt. Er bemüht sich, die Unabhängigkeit der Firma gegen aussen zu behaupten, bekräftigt ihre Schweizer Identität und setzt auf neue Technologien.

Huber muss Ende 2001 seinen Rücktritt einreichen, angeblich, weil die Firma wirtschaftlich zu wenig erfolgreich ist. Dabei hat er schon vor seinem Amtsantritt als Geschäftsführer mitgeholfen, Personal abzubauen. Beim Personalabbau 1994 wird auch Ingenieur Bruno von Ah nach 27 Jahren in der Firma entlassen. Von Ah erinnert sich: «Ich habe danach einen harten Schnitt gemacht und mit niemandem aus der Firma mehr Kontakt gehabt. Als die Kündigung kam, habe ich mir noch ein paar Papiere unter den Nagel gerissen. Ich wollte beweisen können, dass es die Hintertüren gab, falls es zu einem Skandal käme.»

Armin Huber fällt bei den Amerikanern in Misskredit, weil er eine Sicherheitsfirma damit beauftragt hat, nach dem Eigentümer der Firma zu forschen. Er vermutet, dass die sich häufenden negativen Pressemeldungen über die Firma damit zu tun haben. Auch das deutsche Fernsehen hat ihn mit dieser Frage vor laufender Kamera blossgestellt.

Giuliano Otth, Hubers Nachfolger als Geschäftsführer, geht mit den Gerüchten über die wahren Eigentümer der Firma pragmatischer um als sein Vorgänger, er wird von den CRYPTO-Ingenieuren gegenüber den Wünschen der Amerikaner als «flexibel» wahrgenommen. Die WASHINGTON POST hält es für wahrscheinlich, dass Otth wie drei seiner Vorgänger über den Eigentümer informiert ist, beweisen kann sie es nicht. Dasselbe gilt auch für den letzten Kryptologen der Firma, Markus Stadler. Er hat an der ETH Zürich abgeschlossen, einer der wichtigsten Rekrutierungsorte für die New Yorker Headhunter-Firma der US-Geheimdienste im technischen Bereich. ETH-Kryptologe Ueli Maurer, der zeitweilig die CRYPTO-Konkurrentin OMNISEC berät, erinnert sich, dass drei seiner Doktoranden in der ersten Hälfte der neunziger

Jahre von der NSA kontaktiert werden: «Ich riet ihnen, den Kontakt abzubrechen und warnte meine ganze Forschungsgruppe vor solchen Kontaktaufnahmen.»

Von der technischen Seite kommen die Chefkryptologen der Schweizer Armee dem Rätsel der unterkomplexen CRYPTO-Geräte auf die Spur. Paul Glur ist der Erste, der 1978 Verdacht schöpft, als ihm die Firma versehentlich ein unsicheres Gerät zur Evaluation liefert. Auch sein Nachfolger Peter Nyffeler ist ein versierter Mathematiker, dem ein solches Geheimnis nicht verborgen bleiben kann. Rainer Haefelin schliesslich, der den Posten des Chefkryptologen in der Führungsunterstützungsbasis der Armee (FUB) lange innehat, legt vor seiner Pensionierung in einem Gutachten zuhanden des Nachrichtendienstes des Bundes die Hintergründe des Minerva-Programms offen. Geheimdienstchef Jean-Philippe Godin leitet es zunächst nicht an die VBS-Vorsteherin Viola Amherd weiter, was zu ihrem Schutz gedacht ist, aber zu einem Konflikt führt.

Für die VBS-Vorsteher gilt stets das Prinzip *Don't ask, don't tell.* Solange sie nichts Genaues über das Minerva-Projekt wissen, sind sie dafür auch nicht mitverantwortlich zu machen. Der ehemalige Präsident der parlamentarischen Aufsicht über den Nachrichtendienst, Hans Hofmann, soll das Thema mit VBS-Vorsteher Samuel Schmid auf einem Spaziergang angesprochen haben (was Hofmann allerdings bestreitet). Parteikollege Christoph Blocher meint als Reaktion auf die *Cryptoleaks*-Enthüllungen im Februar 2020 auf seinem TV-Kanal, man habe das immer gewusst.

Man heisst in seinem Fall: er.

12

Und wenn sie nicht gestorben sind

In den neunziger Jahren wird die CRYPTO zum Sanierungsfall. Nach dem Fall Bühler sind zahlreiche Kunden abgesprungen, die Konkurrenz nutzt die negativen Schlagzeilen aus. Die deutsche Firma TIMMANN etwa preist sich gegenüber neuen Kunden mit dem Hinweis an, dass sie im Unterschied zur CRYPTO nicht in Spionagetätigkeiten verwickelt sei. Die CRYPTO geht rechtlich gegen sie vor, aber das hilft ihr nicht weiter im umkämpften Markt für Chiffriergeräte, wo sich Vertrauen nur schwer wiederherstellen lässt. Ausserdem droht mit der Entwicklung der Software ein Preiszerfall bei den Chiffriergeräten. Nach mehreren Verlustjahren besteht die reale Gefahr einer Überschuldung.

Im CIA-Bericht steht: *Die amerikanisch-deutsche Partnerschaft hat über zwanzig Jahre gedauert. Auf amerikanischer Seite trug sie zu 40 Prozent aller maschinellen Entschlüsselungen durch die NSA bei und wurde als unersetzliche Quelle betrachtet. Für die deutsche Seite war sie noch wichtiger und trug zu 90 Prozent der diplomatischen Berichte des Bundesnachrichtendienstes bei. Der BND sah sie als Dreh- und Angelpunkt seiner hochproduktiven nachrichtendienstlichen Zusammenarbeit mit den Amerikanern.*

Aber die Beziehung war wackelig. Seit dem Start wurde im BND darüber diskutiert, ob man das Programm nicht allein hätte durchziehen sollen. Es wäre nicht zur Scheidung gekommen, wenn die Firma profitabel geblieben wäre. Aber ab 1987 gingen die Verkäufe zurück, und die Firma musste ums Überleben kämpfen. Das Problem war unter den Chiffriergeräteherstellern international bekannt – es hatte mit den wirtschaftlichen Schwierigkeiten in der Dritten Welt zu tun, wohin die meisten Produkte verkauft wurden. Und viele Länder gingen zur einheimischen Produktion über, der sie mehr vertrauten als einer Verschlüsselung, die im Ausland gekauft wurde. Die Verschlüsselung war durch den Gebrauch von Software so einfach geworden, dass Firmen wie die CRYPTO mit ihren Hochpreisprodukten für Regierungskunden unerwartete Konkurrenz erhielten.

Die Gewinnrücklagen der Firma bewahrten die CRYPTO vor dem Armenhaus. Aber die Reserven, die 1987 noch 55 Millionen Franken betrugen, sanken bis 1993 auf 21 Millionen. Um weitere Verluste zu vermeiden, hätten die Partner neues Kapital in die CRYPTO einschiessen müssen. Das war für den BND keine Option, die er mit grosser Gelassenheit betrachtete. Die Partner hatten ihren Anteil an den Gewinnen der Firma zur

Finanzierung anderer Operationen verwendet. Jetzt war dieser Geldfluss nicht nur versiegt – sie hätten eine neue Finanzierungsquelle suchen müssen, um das Programm weiterzuführen.

Mitte Dezember 1995 feiert die Firma ein verfrühtes Weihnachtsfest: Ein unbekannter Geldgeber hat zehn Millionen eingeschossen, das Aktienkapital wird von 6 auf 16 Millionen Franken erhöht. Laut dem amerikanischen Geheimdienstspezialisten Wayne Madsen heisst der Weihnachtsmann Marc Rich. Madsen beruft sich auf eine interne Quelle aus einem US-Nachrichtendienst, mittels Dokumenten beweisen lässt sich der Einstieg des Zuger Rohstoffhändlers nicht. Wie bei früheren Transaktionen wird das Liechtensteiner Treuhandbüro MARXER & PARTNER dazwischengeschaltet. Und wiederum wird dem Zuger Handelsregister als Besitzerin der neuen Aktien die Tarnfirma «Anstalt Europäische Handelsgesellschaft» angegeben, «Golf», wie der Deckname der CIA für diese Firma lautet.

Marc Richs Eintritt in den exklusiven «Golf»-Club der CRYPTO ist aus mehreren Gründen plausibel: Im Geheimpapier betont die CIA schon im Zusammenhang mit der Lösegeldzahlung ihren Unwillen, neues Geld einzuschiessen, weil jede Transaktion Spuren hinterlässt. Nicht eingeweihte interne Controller oder auch staatliche Untersuchungsorgane könnten im Rahmen von Ermittlungen wegen Geldwäsche oder illegalen Grundstückerwerbs versucht sein, der Spur des Neugeldes nachzugehen. Für den Milliardär Marc Rich sind 10 Millionen Franken hingegen ein Klacks, auch wenn er zu jener Zeit in einer kostspieligen Scheidung mit seiner Gattin steht. Die 10-Millionen-Spende bietet ihm eine ideale Gelegenheit, sein Verhältnis zur US-Regierung und einem Teil der Administration zu entspannen. Rich steht zu jener Zeit wegen seiner Steuervergehen noch immer auf der US-Fahndungsliste, er kann 1996 nicht einmal an der Beerdigung seiner Tochter in den USA teilnehmen. Wenn er der CIA einen Gefallen erweist, darf er mit einer Gegenleistung rechnen. In der Tat wird Rich in jener Zeit ein paarmal wundersam gewarnt, als ihm die Verhaftung durch das FBI droht. Anfang 2001 begnadigt ihn der abtretende US-Präsident Bill Clinton nach einer Spende von Richs Ex-Gattin. Die Begründung dieser Begnadigung wird in den US-Akten über weite Teile unlesbar gemacht.

Ein Engagement bei der CRYPTO stellt Rich laut der Quelle Madsens in Aussicht, geheime Meldungen über den internationalen Rohstoffmarkt, speziell über den stark von der Politik abhängigen Erdölmarkt entschlüsselt zu bekommen. Und schliesslich kann Marc Rich, der über hervorragende Kontakte zum Mossad verfügte, mit seinem Engagement bei der CRYPTO auch den israelischen Geheimdienst näher ans Minerva-Programm führen. Die Israelis sind – im Unterschied zum Austausch der Nachrichtendienste im «Club de Berne» – bei diesem Programm aussen vor geblieben und versuchen zeitweilig, mittels eigener Aufklärung mehr darüber zu erfahren.

Für Richs Engagement bei der CRYPTO spricht auch, dass mit Georg Stucky einer seiner Vertrauten im Verwaltungsrat der Firma sitzt, er wird 2002 zum Präsidenten des Verwaltungsrates der Zuger Firma gewählt. Stucky ist Präsident und später Ehrenpräsident von Richs DORON-Stiftung zur Förderung von innovativen und gemeinnützigen Projekten in der Schweiz. In seinem Amt als Verwaltungsratspräsident der CRYPTO bleibt er bis ins hohe Alter von 86 Jahren. Zwei Jahre vor dem Verkauf an die neuen Eigentümer und damit einhergehend dem Verlust der politischen Bedeutung des Programms scheidet er aus.

Im Jahr des Firmenverkaufs wird dieser Politiker und Drahtzieher, der unerschütterlich an zahlreichen Brennpunkten der Weltgeschichte tätig war, von Libyen über Südafrika bis nach Steinhausen, von einem Bakterium im Salat ausser Kraft gesetzt und erkrankt an Listeriose. Die Krankheit macht ihn gebrechlich und hindert ihn heute daran, über diese, auch seine Geschichte zu reden. Im Frühjahr 2020 ist seine persönliche Befragung vor der untersuchenden Geschäftsprüfungsdelegation des Parlaments lange Zeit ungewiss, gehört er als älterer Mann mit Vorerkrankung doch gleich doppelt zur Risikogruppe der Corona-Pandemie. Auch Rolf Schweiger, bis 2018 im Verwaltungsrat, kann sich aus Gesundheitsgründen in dieser Risikosituation nicht mehr persönlich äussern. So bewahrt die Corona-Pandemie die CRYPTO-Verantwortlichen vor einer öffentlichen Auseinandersetzung mit der Vergangenheit.

Andere Beteiligte erinnern sich gut an diese Geschichte. Die Ingenieurin Mengia Caflisch schreibt: «Ich habe die CRYPTO nicht nur mit dem Gefühl verlassen, am falschen Ort gewesen zu sein, sondern auch mit Selbstzweifeln und etwas vereinsamt. Da sind auch das sehr gute Zeugnis und das vielversprechende letzte externe Assessment mit dem Nachgespräch, dass mich die Firma unbedingt brauche, sowie viele gute Feedbacks von aussen letzten Endes ein schwacher Trost. Ich bin wahrscheinlich auch zur Genugtuung vieler gegangen: Derer, die mich möglicherweise in Schach halten mussten; derer, die sich von mir belehrt fühlten; der vielen, die meiner Arbeitsweise mit systematisierten Szenarien und Sicherheitszielen nichts abgewinnen konnten; der Opportunisten und Wichtigtuer, die sich gegenseitig gestützt haben und von der Überlegenheit der Firma schwärmten; und der Braven, die in Ruhe gelassen werden wollten. Natürlich war ich irgendwie erleichtert, aber da mischt sich auch Traurigkeit über den nicht gelungenen Abschied rein.»

Entwicklungsingenieur Spörndli sagt: «Seit 1991 wusste ich, dass ich gehen will, und liess mich beraten. Es war sowieso schon zu spät. Ich war entmachtet worden, war zwar noch gut bezahlt, aber hatte keine wichtige Aufgabe mehr. Nach dem Fall Bühler sagte ich mir: So jetzt, fertig!»

Der ehemalige NSA-Kryptologe William («Bill») F. Friedman wird 1999 in die Hall of Honour der NSA aufgenommen. Seine Gattin Elizebeth ist eine ebenso begabte Kryptologin wie ihr Mann und dazu Anglistin. Nachdem ihm die CIA bei der CRYPTO das Heft aus der Hand nimmt, verfassen die beiden als Pensionäre ein Buch über Shakespeare. Sie sind aufgrund einer linguistischen Analyse zur Überzeugung gekommen, dass der einstige britische Schatzkanzler Lord Byron einen Grossteil des Shakespeare'schen Werkes geschrieben hat. Der spanische Schriftsteller Javier Marías, zeitlebens von der Tätigkeit der Geheimdienste fasziniert, lässt sich von Shakespeares und Byrons Werk vier Jahrhunderte später so sehr inspirieren, dass er gleich drei Romane mit Zitaten daraus titelt.

«Hilly», Roscoe Hillenkoetter, der erste CIA-Chef nach der Gründung des Geheimdienstes, ist im Alter überzeugt, dass die US-Airforce Beweise über UFO im amerikanischen Himmel geheim hält, um die Bevölkerung nicht zu beunruhigen. Dass die Erde eine Scheibe ist, behauptet «Hilly» auch im Alter nicht. Diese Phantasie beschreibt «Clapper» 2008 in einer Kurzgeschichte, die die NZZ nach einem Leserwettbewerb veröffentlicht: 95 Autos stürzen nach rasanter Fahrt am Ende der Welt in einen Abgrund. «Clapper» ist der erste Schweizer Nachrichtenmann in der Firma, er war Fachoffizier im Armeestab, der den Nachrichtendienst im Konfliktfall unterstützt und die Infrastruktur schützt. «Clapper» schwärmt in seinen Aufzeichnungen auch vom Fischen im Shannon. Der Shannon fliesst unweit vom Exil, das Geheimdienst-Oberst Albert Bachmann für den Schweizer Bundesrat im Ernstfall erworben hatte. «Clapper» ist aus Sicht Bachmanns ein idealer Kandidat für seinen Spezialdienst: Experte bei der Funkverschlüsselung, ausgebildeter Combatschütze und so gut vernetzt mit den USA wie Bachmann selber auch. Ob ihn Bachmann tatsächlich für seinen Spezialdienst rekrutiert hat, ist unbekannt – «Clapper» stirbt 2018.

«Athena» ist bereits Mitte 1995 nach Schweden zurückgekehrt. Seinen Rückzug beschleunigt hat der Fall Bühler, der ihm die Gefährlichkeit dieses Projektes vor Augen führte. Auf Widman folgt mit Rolf Blom erneut ein renommierter schwedischer Kryptologe, Namensgeber eines eigenen Verschlüsselungsverfahrens – auch nach «Ball» und «Athena» bleiben die Schweden in Zug am Ball.

«Siegfried» stirbt 2011 in Monte Carlo. Er erträgt seine Doppelrolle in der Firma vergleichsweise unbeschadet. Vielleicht auch deshalb, weil er sich und seinen Freunden im Alter vormacht, er sei nach dem technischen Sprung zur Elektronik von der NSA nicht mehr in den Betrug mit einbezogen worden (was erst ab 1976 zutrifft). Kurz vor ihm ist seine zweite Frau verstorben, ihre gemeinsame Tochter kam beim Flugzeugabsturz der SWISSAIR in Halifax ums Leben.

Georg Stucky spaziert am Zugersee, gestützt von seiner Frau. Das Ufer ist auch dank seinem Tiefsteuermodell nicht mehr wiederzuerkennen. Seit Hagelin an die Weinbergstrasse gezogen ist, hat sich die überbaute Zone in der Region nahezu verdoppelt. Stucky kann auf ein bewegtes Leben zurückschauen: die Revolution in Libyen, der Erdölschock von 1973, die Reform des Kirchenbundes unter seiner Führung, die Allianzen in Bern und die Mitteilung beim Lunch im Restaurant: Die Firma gehört den Amerikanern. Er hat seinen Beitrag dazu geleistet, dass dies weitere gut zwanzig Jahre so bleibt.

2018 verkauft die CIA die Firma CRYPTO, der Verkaufspreis beträgt laut WASHINGTON POST zwischen 50 und 70 Millionen Dollar. Die begehrte Liegenschaft im Zuger Vorort ist schon im Jahr zuvor verkauft worden. Der Schweizer Firmenteil geht an das Management unter Führung von Giuliano Otth und Markus Stadler und heisst anfänglich CRYPTO AG. Vor den sich abzeichnenden Enthüllungen im Rahmen der *Cryptoleaks* wird das Unternehmen neu benannt: CY ONE SECURITY. Otth, von einstigen Mitstreitern als sehr kommunikativ beschrieben, übergibt die Krisenkommunikation einer Agentur.

Der internationale Teil geht an Andreas Linde, der schwedische Investor nennt ihn verfänglich: CRYPTO INTERNATIONAL. Linde beteuert gegenüber der WASHINGTON POST in Anwesenheit seiner

Gattin, die wahre Identität des Verkäufers nicht gekannt zu haben. Wiederum ist beim Verkauf die liechtensteinische Treuhandfirma dazwischengeschaltet. Linde zeigt seine Bestürzung über die Enthüllungen so überzeugend, dass ich geneigt bin, ihm zu glauben. Wie ich auch den ehemaligen Bundespolizei-Chefs Peter Huber und Urs von Daeniken glaube.

Die Identität des weisen «Socrates» wird im Minerva-Geheimpapier nicht gelüftet. Womöglich deswegen nicht, weil es der Deckname des Verfassers des Minerva-Berichts ist. Richard S. soll unglücklich sein über die Herausgabe des ersten Teils seines Berichts durch BND-Veteranen, die auf dieses Programm stolz sind und endlich mal positive Nachrichten über die Geheimdienste lesen wollen. Co-Autor Thomas J. hat weniger Probleme damit, aber will sich nicht weiter zum Thema äussern, weil dies seine Auftraggeber nicht gerne sehen. Die NSA leckt seit dem Fall Snowden noch immer die Wunden.

Peter Frutiger ist inzwischen 83-jährig und fühlt sich noch immer bedroht. Er schreibt mir in einer Mail: «Ich kenne die NSA nun seit fünfzig Jahren. Diese Organisation mit einem fast unerschöpflichen Finanzhaushalt können wir mit den Mitteln der Schweiz kaum bremsen und schon gar nicht aufhalten. Die Story geht weiter – mit anderen Leuten, Verfahren und Geräten. Sie glauben doch wohl nicht, dass die Grossmächte ihre Geheimdienste abschaffen würden! Nur – einen Freipass geben, alles zulassen und nichts dagegen tun, das dürfen wir auch nicht.»

In Hagelins Dilemma der fünfziger Jahre stehen heute Firmen wie die SWISSCOM, die KUDELSKI GROUP und die Betreiber der Abhöranlagen von Zimmerwald, Wolfrichti und Leuk: Anpassung oder Unterwanderung. Nach dem Rätsel um den Tod von Bo Hagelin junior 1970 ranken sich inzwischen neue Verschwörungstheorien um den Freitod von SWISSCOM-Chef Carsten Schloter 2013 und die Crossboarder-Leasings der SWISSCOM mit den USA. Fortsetzung folgt.

Boris Hagelin, der Firmenvater und grösste Spion des 20. Jahrhunderts wider Willen, ruht im schattigen Friedhof Skogskyrkogarden im Süden von Stockholm, wo er 1983 neben seiner ersten Frau Annie bestattet wird. Sie waren seit den Familienferien 1911 in Schweden, als sie Boris' kränkelnde Mutter betreut hatte, ein Herz und eine Seele. Möglich, dass er mit ihr auch sein grosses Geheimnis geteilt hat. Wenn, dann haben sie es mit ins gemeinsame Grab genommen. Die Schriften aus seinem Nachlass hat der CIA-Historiker Richard S. bei einem Besuch in Zug sichergestellt.

Hans Bühler wird im Sommer 2018 auf dem Seebacher Friedhof Schwandenholz bestattet. Die Wahrheit, die zwei Jahre später ans Licht kommen sollte, hätte ihm die letzte Ruhe gegeben. Bühlers Tochter Chris, inzwischen Tierärztin, sagt: «Wir müssen weiterkämpfen, bis alles ans Licht kommt – das sind wir meinem Vater schuldig.»

Nachwort und Dank

Ich danke zahlreichen ehemaligen CRYPTO-Beschäftigten, die sich mit mir nach Jahrzehnten über ihre damaligen Erfahrungen austauschten: zuvorderst der Ingenieurin Mengia Caflisch, die aus Sicht der NSA zu klug befunden wurde, um die Konstruktion der Firma nicht zu durchschauen. Aus meiner Sicht ist sie zugleich Beispiel für einen schonungslosen Umgang mit der eigenen Vergangenheit. Weiterer Dank geht an die Ingenieure Jürg Spörndli und Bruno von Ah, die sich ähnlich offen mit ihrer Rolle in dieser Geschichte auseinandersetzten und mich vor vorschnellen Schlüssen und Verschwörungstheorien bewahrten; an Axel Bochmann, den frühen Stasi-Spion in der Firma, der keiner war, aber die harte Hand des BND als erster Betroffener erlebte. Unbekannterweise danke ich auch dem ehemaligen CRYPTO-Lehrlingschef Hans Stadlin, der als Nachbar Hagelins dessen Lebenserinnerungen aufgezeichnet hat und 1992 in einer Jubiläumsschrift der Firma veröffentlichte. Einige Erinnerungen Hagelins sind daraus übernommen.

Weiteren Personen danke ich für Einsichten in das Minerva-Programm von CIA und BND und seine Folgen: Zuvorderst Erich Schmidt-Eenboom, dem Geheimdienstexperten des Forschungsinstituts für Friedenspolitik im bayerischen Weilheim für die grossen Zusammenhänge und dem beharrlichen freien Kölner Journalisten Peter F. Müller, der nicht nachgegeben hat, bis er letzte Gewissheit über das Geheimprojekt hatte; Redaktor Ulrich Stoll von der *Frontal-21*-Redaktion im ZDF-Studio in Berlin für den ersten Kontakt zu den *Cryptoleaks* im Frühjahr 2019. Dazu allen Kolleginnen und Kollegen von TAMEDIA, SRF-*Rundschau* und dem niederländischen Crypto-Museum für die gemeinsame Recherche. Letzterem verdanke ich das Verzeichnis der CIA-Decknamen in dieser Buchklappe.

Ich danke auch dem ehemaligen Minister im deutschen Kanzleramt, Bernd Schmidbauer. Er hat das Programm vor dreissig Jahren auf deutscher Seite verantwortet, nach anfänglichem Zögern seinen Beitrag zu Bühlers Freilassung geleistet und anschliessend das deutsche Engagement beendet. Als einziger Politiker der damaligen Zeit stellt er sich der Auseinandersetzung. Dasselbe gilt für den ehemaligen CRYPTO-Geschäftsleiter Michael Grupe und den ehemaligen Chef der Bundespolizei Peter Huber, die die Auseinandersetzung um die Vergangenheit mit mir offen führten. Sie alle stehen im 80. Altersjahr, das offenbar von allzu strengen Konventionen befreit. Die Schwäche, ihre damalige Rolle aus heutiger Sicht schönzufärben, teilen sie mit uns allen.

Nichts zu danken habe ich den politisch Verantwortlichen in der Schweiz. Sie haben sich bis heute der Debatte nicht gestellt. Wenn sie daran eine ernsthafte Erkrankung hindert, ist dies verständlich. Nicht nachvollziehbar ist es dort, wo Krankheit, laufende Verfahren oder die Haltung, man habe dies immer schon gewusst, vorgeschoben werden, um sich mit der Vergangenheit nicht auseinandersetzen zu müssen.

Speziell die bürgerlichen Parteien tun sich schwer mit der Auseinandersetzung um das Minerva-Programm. Das mag damit zu tun haben, dass Politiker der FDP und der CVP seit Beginn in die Geschichte der Firma verstrickt waren und dabei mit einer Ausnahme (Georg Stucky) keine eigenständige Rolle wahrgenommen haben. Dass führende FDP-Politiker wie Georg Stucky und Rolf Schweiger ihre Prinzipien aufgaben und als Verwaltungsräte lange keine Ahnung über den Eigentümer gehabt haben wollen. Dass CVP-Politiker wie Walther Hegglin oder Arnold Koller Vorschub zu einem Handeln boten, das den Grundwerten dieser Partei zumindest im Zusammenhang mit den schmutzigen Aktionen der CIA widersprach. Die SVP ist aufgrund des Standorts Innerschweiz, wo ihr lange eine eigene Parteistruktur fehlte, nicht in die Minerva-Geschichte verstrickt, aber sie gewichtet das nationale Interesse höher als die historische Aufklärung. Und kuscht notfalls vor den Interessen der USA, wie dies ihr Vordenker im Fall Tinner vorgelebt hat. Sie zieht es vor, die Neutralität mythologisch zu bekräftigen, statt sie inhaltlich zu beleben.

Weggeduckt haben sich bis heute auch die in den Fall involvierten Verantwortlichen aus Armee und Nachrichtendienst. Sie haben die Geheimhaltung bis heute verinnerlicht und äussern sich nur auf Vorladung der parlamentarischen Delegation. Nicht für eine Million werde er verraten, für wen er im Bürgerkrieg in Nigeria tätig gewesen war, meinte einst Albert Bachmann, Chef der Untergruppe Nachrichtendienst und Abwehr. Dieser Tarif scheint auch für seine Nachfolger noch gültig.

Dabei würde der Schweiz diese Auseinandersetzung guttun, denn sie betrifft einen Kern ihrer Identität: die Neutralität. Die Schweiz hat sich in der Auseinandersetzung zwischen den Blöcken und im Kalten Krieg und danach aktiv auf eine Seite gestellt. Sie scheint sich auch heute, wie schon damals, lieber zu verstecken im Schatten der grossen Brüder USA und Deutschland, denen sie zu Diensten war.

Auch die Nachfolger in den beiden neu entstandenen Firmen spielen in der Debatte bisher keine sonderlich aktive Rolle. Am liebsten würden auch sie sich wegducken und so weitermachen, als ob nichts passiert wäre. Die Schweizer Nachfolger in der CY ONE SECURITY sind inzwischen auch ihre Besitzer. Sie haben den Kopf eingezogen und hoffen deshalb, ungeschoren davonzukommen, weil die an die Schweiz gelieferte Chiffriertechnik nach aktuellem Stand der Recherche einwandfrei war.

Die CRYPTO INTERNATIONAL im Besitz der schwedischen Unternehmerfamilie Linde tut sich ähnlich schwer mit der Auseinandersetzung, weil ihre Marke auf dem internationalen Sicherheitsmarkt keinen Wert mehr darstellt, sondern eine Belastung ist. Investor Andreas Linde zeigte sich in ersten Reaktionen über die Enthüllungen glaubhaft erschüttert. Aber Schweden war von

Anfang an über die Firmengeschichte so gut informiert wie die Schweiz, ein Profi im Sicherheitsbereich wie Linde muss mindestens die offengelegten Quellen gekannt haben. Linde will sein Unternehmen in der Schweiz schliessen, weil der Bundesrat seine Exporte gestoppt hat.

Auch Schweden scheut die öffentliche Auseinandersetzung zum Thema, denn Pionier Boris Hagelin gehört zu den Säulenheiligen der nationalen Wirtschaftsgeschichte: Die feierliche Übergabe des Nobelpreises in Stockholm beehrte er einst als prominenter Gast – ein Dank an die seinerzeitige Starthilfe durch die Familie Nobel.

In den USA und Deutschland scheint diese Auseinandersetzung eher möglich, das zeigt auch das Papier *«Minerva – A History»* (2004). Die Autoren von CIA und NSA sowie namentlich nicht bekannte BND-Veteranen haben eine kluge, branchenbedingt zynische, aber auch selbstkritische Auseinandersetzung mit dem Minerva-Programm vorgelegt. Das Buch zitiert daraus und aus Co-Berichten von BND-Veteranen in Kursivschrift ausführlich, weil diese Dokumente einen seltenen Einblick in die Dunkelkammer der Nachrichtendienste ermöglichen. Und weil die Berichte zeigen, dass Nachrichtendienste nicht so allmächtig sind, wie wir glauben, und sich zeitweilig auch in den Haaren liegen, selbst wenn sie als «befreundet» gelten. Das nationale Interesse scheint in jedem Fall vorzugehen.

Ich danke den Funkerfreunden von Hans Bühler, die ihrem Kollegen HB9XY mit gleicher Wellenlänge über den Tod hinaus die Treue halten und mit seinem Schicksal verbunden bleiben. Ihre Solidarität ist für Aussenstehende eindrücklich.

Der grösste Dank aber geht posthum an Hans Bühler selber. Dieser ruhelose Zeitgenosse hat eine Geschichte, die sein Leben auf den Kopf stellte, mit seiner Beharrlichkeit zur Aufklärung geführt. Lange wusste er nichts Genaues über die Hintergründe seines Traumas, begann sie nach und nach zu erahnen und kam der Wahrheit erst ganz nahe, als er darüber öffentlich nicht mehr reden durfte. Die letzte Gewissheit ist ein paar Monate nach seinem Tod da – für ihn zu spät. Eindrücklich, wie Tochter Chris sein Ansehen hochhält, war sie doch in einem Moment ihres Lebens mitbetroffen, wo junge Menschen den Schritt aus dem Elternhaus machen. Wie damals gegenüber ihrem Vater fühle ich mich verpflichtet, ihre Wahrheitssuche mit journalistischen Mitteln zu unterstützen. Dazu gehört die kritische Distanz gegenüber allen Beteiligten.

Möge mir die Göttin Minerva nicht ihre Kriegskunst, aber einen Funken ihrer Weisheit mitgeben, um diese Aufgabe redlich zu erfüllen.

Personenregister

Es gibt keine anderen Beweise, nur das nackte Geständnis: Die berüchtigte Zürcher Parkhausmörderin Caroline H. bekennt, in den Neunzigerjahren zwei Frauen ermordet und es bei einer dritten versucht zu haben. Doch was, wenn sie keine Mörderin ist? Die akribische Recherche von Carlos Hanimann zeigt, dass viele Fragen offen sind. Für seine Reportage wurde er 2020 mit dem Schweizer Reporterpreis ausgezeichnet.

«Handwerklich souverän beleuchtet Hanimann die Uneindeutigkeiten des Falles.» Jury des Schweizer Reporterpreises 2020
«Fasziniert habe ich mich in diesen schmalen Band vertieft.» Andreas Ammer (Juror der FAZ-Krimibestenliste)

Carlos Hanimann

Caroline H.

Die gefährlichste Frau der Schweiz?
Klappenbroschur, 88 Seiten, 27 Franken, 24 Euro.

Der Swissair-Prozess
Constantin Seibt
Echtzeit

Zum Autor: Res Strehle wurde 1951 geboren. Nach seinem Studium an der Hochschule St. Gallen ging er ans Gottlieb-Duttweiler-Institut nach Rüschlikon. 1981 war er Mitgründer der Wochenzeitung WOZ. Nach leitenden Funktionen bei der WELTWOCHE und DAS MAGAZIN wurde er 2007 Chefredaktor des TAGES-ANZEIGERS. Seit 2015 ist er Stiftungsratspräsident der Schweizer Journalistenschule MAZ in Luzern und leitet zudem das Qualitätsmonitoring für TAMEDIA. Er entschlüsselt das Minerva-Programm und weist anhand von Geheimberichten der CIA und des BND und zahlreichen Zeugengesprächen nach, wer in der Schweiz wann informiert war.

1. Auflage 22. Juli 2020

ISBN 978-3-906807-19-5

Autor: Res Strehle
Illustration auf dem Umschlag: Gregory Gilbert-Lodge
Lektorat: Markus Schneider
Korrektorat: Birgit Althaler
Gestaltung: Müller+Hess, Basel
Druck: Ebner & Spiegel, Ulm

www.echtzeit.ch